東大
国際政治の授業
白熱ゼミ

小原雅博
東京大学大学院 法学政治学研究科教授

Discover

東大白熱ゼミ　国際政治の授業

はじめに——僕が東大でゼロから国際政治を考える理由

あなたは、この日本がいま、平和だと思うだろうか。

ありきたりな質問だと反射的に本を閉じようとする前に、少し立ち止まって、次のことを想像してみてほしい。

小さな海を隔てた向こう側にある国では、いくつもの核兵器関連施設が存在し、今この瞬間にも核兵器の開発が着々と進められている。74年前に広島・長崎を襲った核爆弾の何倍もの殺傷能力を持つ核ミサイルが、1発や2発ではなく何十発も、僕らのいる日本列島を含む世界に向けて発射できる態勢が整えられつつある。気まぐれな指導者が発射スイッチを押さないという保証はない。

その隣にある大国にも目を転じる。驚異的なスピードで成長を遂げたこの国では、絶対的な権力で全土を支配する指導者が「強国・強軍」を掲げ、世界の勢力地図を塗り替えようと日々策を練っている。これに対し、陰りを見せる超大国は、貿易戦争を仕掛け、経済覇権・軍事覇権をかけた争いは軍事衝突にも発展しかねない勢いだ。大国間の軍拡競争にも火がつき、戦術核兵器の使用をほのめかす権力者も現れた。

観光客で賑わうある国では、3つのグループに分かれた過激派組織がコンサート・ホールやレストラン、カフェを次々と襲撃。銃の乱射や自爆によって130人以上が死亡、300人以上が負傷した。

姿の見えない敵は、サイバー世界でも増殖を続けている。某国のハッカー集団は、国家の情報機関と関係を持ち、日本も標的として、官公庁、防衛・ハイテク産業、通信・交通・エネルギーなどのインフラ部門を攻撃している。超大国の大統領は、核兵器で応戦するかもしれないと警告する。

さて、あなたはこれを聞いて、背筋が凍るような恐怖を覚えただろうか。
あるいは、不穏な時代の空気に、底知れない不安を感じただろうか。

それとも、お決まりの警句だと、いつものようにうんざりしただけだっただろうか。

もしそうだとしたら、本書はあなたのためにある。

世界の危機を伝えるニュースは毎日のように報じられ、僕らはいとも簡単に感覚を麻痺させてしまう。慣れてはいけないと言われても、同じようなことを何回も言われたら誰だって慣れてしまうものだ。

でも、今この瞬間だけでもいいから、考えてみてほしい。１９３０年代、昭和はじめの日本。大きな戦争もなく、日々穏やかに暮らしていた人々は、数年後に日本が大国アメリカと無謀な戦争を始めるなどとは思いもよらなかっただろう。そして、見慣れたいつもの平和な街並みが絶望的な焼け野原に姿を変えるとは、想像もしなかっただろう。

平和は、失われて初めてその大切さがわかると言う。裏を返せば、僕らは目の前にある平和が当たり前のもので、ある日突然失われてしまうなどとは思わずに今を生きているということだ。

しかしあなたは、平和を失ってもいいと思っているだろうか？

明日にも戦争が勃発して、1分先の未来もわからないような人生を送ってもいいと、本気で思っているだろうか？

ノーと答えたのならば、あなたがやるべきことははっきりしている。民主主義国家の一国民として、常日頃から世界の動きをフォローし、平和や安全の問題を考え、外交はどうあるべきか、周りの人々と議論し、小さくても何か具体的な行動につなげていくことだ。

ただでさえ忙しい毎日。仕事や人生に関係しそうにないことに時間と労力を割くなんて、億劫かもしれない。興味を持てないかもしれない。

それでも、少しでも考えること、「なぜ」と質問することから始めてみてほしい。今の平和を続けていくためにも。そして、そんな批判的思考《クリティカル・シンキング》がこれからのあなたの人生にもきっと役に立つと、僕は信じている。

なぜゼロから考えるのか？

僕は、東京大学で国際政治や日本外交について学生たちと討論するゼミを開講している。国際問題をさまざまな視点から検討し、学生たちに質問し、考えさせる。

批判的思考を重視する僕のゼミでは、毎回文字通りのゼロから、国際政治について考えていく。そもそも「国際政治」とは何なのかを考えるために、そもそも「政治とは何か」という（専門家にとってはちょっと青臭くすら感じるような）問いかけからスタートしているほどだ。

仮にも東大に進学して教養課程を経た学生たちにとっては「何をいまさら」という話かもしれないが、**この「いまさら」にこそ落とし穴があると、僕は考えている。**

国際政治のニュースは日々、大量に流れてくる。次から次へと事件が起き、危機が報じられる。そして、トランプ大統領、プーチン大統領、習近平国家主席、金正恩委員長……多くの権力者が力を誇示し、それぞれの正義を語る。僕たちはそれを何となくわかったつもりになって聞き流す。

しかし、**この「わかったつもり」ほど怖いものはない。**外務省の秘密文書「日本外交の過誤」（吉田茂首相の指示によって戦前の日本外交のあやまちを検証した調書）には、結論の第一に「すべて根本が大切である」と記した。根本に誤りがあれば、「枝葉末節の苦心は単なる自慰に終わる他ない」（同文書）のである。

戦前の日本同様、今この時代も、「根本」を論じることが求められている。つまり、国際政治をゼロから考えること。それが本書が目指すところである。

今、僕らが生きているのは、これまでの常識が通用しない世界だ。この「はじめに」の最初に書いたように、国際社会は混迷と対立を深めている。**こんな状況で、前提を疑うことなく、今までと同じように考えていたのでは、永遠に出口など見出すことはできないだろう。**

いったい、どうすれば世界は戦争を避け、平和を維持していけるのか、日本には何ができ、何をすべきなのか。ゼロから考え、再構築していくことでしか、この混迷から抜け出す術はないのだ。

国際社会は、本質的に「無政府状態（anarchy）」にある。つまり、一元的な政治権力は存在しないということ。日本のように、法の支配が行き渡り、自由や人権が保証された国内社会に比べると、不完全で不安定な秩序のもとにある。そんな脆弱な国際秩序をこれまで支えてきたのが、超大国アメリカの圧倒的なパワーであった。

しかし、その圧倒的パワーが失われつつあるいま、新しい秩序のあり方を急いで構築していかなければ、世界は血で血を洗う「ルールなき弱肉強食のジャングル」へと姿を変えてしまうだろう。

国際社会の秩序が変わりつつあるというこの事実を、決して他人ごとだと思ってはいけない。

かつて、国際秩序に挑戦して亡国への坂を転がり落ちた日本にとって、戦後、国際協調や国際貢献は外交の礎石《そせき》となり、看板となったからだ。

いま起こっている国際秩序の変化をどう認識し、これから先をどう展望するのか、そして、その変化にどう対応していくのか。

そのことを世界で誰よりも切実に考えなくてはいけないのが、そんな歴史を持つ僕ら日本人なのだ。

ゼミでは毎回、僕がひと通り議論の前提となる話をしてから学生たちとの議論に入るが、そのときも必ず、僕の前提を鵜呑みにすることなく、クリティカルに疑ってかかるようにと念押ししている。

不確実で混迷する世界に身を置きつつも、自分の頭で考え、新しい時代の新しい秩序を切り開いていってほしい。それが、ゼミを通じて僕が伝えたいと願ってやまない、最大のメッセージなのだ。

対話から未来が生まれる

本書は、東京大学本郷キャンパスにある法学部のある教室で開催している僕のゼミを、広く社会に向けて開放しようとする試みである。僕らの議論が内向きに閉じこもることのないよう、読者諸賢にぜひ疑ってかかってもらいたいのだ。

ここで、本書に登場するメンバーを紹介しよう。参加する顔ぶれはいつもさまざまだが、本書では議論の本質を端的に示すため、関心の違いにあわせて4人の学生像を設定し、それぞれの関心にちなんだ地名を仮名とした。

霞が関さん：外務省を志望。理想を持ちつつも現実を直視することをモットーとする。
厚木くん：防衛省を志望。軍事力は何にも勝ると考え、世界の軍事事情に異常に詳しい。
青山さん：国連職員を志望。人権や自由の価値を重視し、真の世界平和を強く願う。
兜くん：グローバル企業を志望。お金こそが人を動かし、世界を動かす力だと考える。

実社会でも、こうした立場の違いはいたるところで顕著に見られる。大事なのは、そこに対話が起きるかどうかということ。現代のようなネット社会では特に、思想が違うからと対話をあきらめ、考えが近い者同士で固まってしまい、分断が広がりやすい傾向にある。そうではなく、**たとえ意見が合わなくとも真摯に向き合い、議論し、相手を理解しようと努めること。**

これは、国際政治の基本でもある。僕はかつて35年もの間、外交官・外務官僚としてさまざまな外交の実務に携わってきたが、そこで学んだことは、力や正義が異なる相手と合意を作り出すことの難しさと大切さであり、そのための対話や交渉の役割やありようである。

ぜひ、読者諸賢も、僕らの議論に加わり、対話しながら、本書を読み進めていただければと思う。

前置きが少し、長くなってしまったようだ。早速、ゼミを始めることとしよう。

小原 雅博

CONTENTS

東大白熱ゼミ　国際政治の授業

PART 1

「国際政治」の本質を考える

PART 2 「戦争と平和」で本当に大切なこと

PART 3

異なる正義と交渉するには

PART 4 最高の外交を実現するには

PART 1

「国際政治」の本質を考える

第1回

国際社会の秩序とは何か

What To Think

考えること

政治とは何か？　国際政治とは何か？

国際政治に「先生」は存在するか？

国際秩序はどうつくられるか？

小原：このゼミでは、僕らが生きるこの世界で古代ギリシャの昔から繰り広げられてきた「国際政治」というものについて、ゼロから考えていきたい。日々の国際ニュースの変化に振り回されることなく、**10年後、20年後の世界でも通用するような「国際政治の本質」**を知ってもらい、それをもとに「自分の頭で」現実の問題を考えられるようになることが目標だ。

ここ数年、「国際政治」がひとつの激動期・転換期にあることを示す重要な変化が立て続けに起きている。国際主義[01]から一転して「自国第一」主義をひた走るアメリカや、圧倒的な経済力を背景に世界で影響力を強める中国、あるいは、イギリスの離脱や難民危機で崩壊寸前のEUなどがそうだ。その先に果たしてどんな世界が待ち受けているのか、確かなことは誰にもわからない。

このような状況において、あるひとつの大きな問いが多くの人々の頭に持ち上がっている。

それは、**この得体の知れない「国際政治」とはいったい何なのか**ということ。

最初のゼミでは、この問いについて考えてみたい。

そもそも、「政治」とは？

小原：そもそも「国際政治」の「政治」とは何だろう。政治学においては、この問いをめぐって多くの議論がなされてきた。この定義を行うこと自体がすでに政治的であるとさえ言える。

したがって最初に、「政治」の定義を決めてから、本題に入ることにしよう。

まず言えるのは、**政治とは、あるひとつの「社会」において行われるもの**だということ。日本やアメリカといった国家単位の「社会」でなくとも、学校や会社のようなところにも、あるいは地域の自治会にだって「政治」は存在する。

複数の人間からなる「社会」ではさまざまな人間関係が生まれ、お金や地位や名誉をめぐって、人間の欲望や嫉妬、競争心が渦巻いている。ここに、「政治」というものが生ま

01　編注：独立した主権国家の存在を前提に、その相互間の協調や連帯を重んずる立場。（大辞林 第三版）

れるんだ。

欲望や嫉妬、競争心には、限度というものがないよね。けれど、お金と権力、あるいは地位、名誉といったものには、残念ながら限度がある。お金は物理的に量が限られているし、権力や地位、名誉はそれを手にできる人が限られていてこそのものだ。

したがって、**どんなに文明が進歩したところで、すべての人間を満足させることは不可能**だと言える。そこで、人間同士の間でお金や地位や名誉に関する対立を調整したり、取り引きしたり、ときには力ずくで闘ったりする営みが必要となってくる。

この営みこそ、「政治」と呼ばれるものだと、僕は考えている。

学問上の定義はさまざまだけれど、政治学者の多くが注目したのが「権力」だ。政治は、権力関係であり、流動的な権力過程でもある。そこでは、暴力、利益や価値、思想やイデオロギーが関わり、またそれらの主体となる組織・集団間の権力闘争やその際のルールや制度も関係する。

ロバート・ダール[02]という政治学者は、政治を「**権力、ルール、権威を含む関係全般**」と捉えた。僕はこれ、政治の本質をとてもうまく捉えていると思う。

「権力」は多義的な概念だけれど、ここでは「**他人を強制し服従させる力や関係**」と規定しよう。誰かに言うことを聞かせたいと思ったとき、腕力にものを言わせる人もいれば、財力にものを言わせる人もいるだろう。こうした権力は、「実体」に着目した概念（「実体的権力論」）なのだけれど、「関係」に着目する概念（「関係的権力論」）もあるんだ。ダールは、「Bが普通ならしないであろうことをAがBにさせた場合に、AはBに権力を持つ」とした。しかし、普段なら割り勘しかしないAくんがBさん相手だとおごるとしたら、BさんはAくんに権力を持っているということになるから、関係的権力論に疑問なしとしないが、いずれにしても、権力が政治の中心的な概念だということをここでは押さえておこう。

「権威」についても、さまざまな解釈があるけれど、ここでは「**自発的な同意や服従を促す能力や関係**」であると定義しよう。権威は、個人のみならず、地位や組織にも付帯するものだ。政治家が「落選すればただの人」と言われるのは、まさにそれがゆえんなんだね。

02 ロバート・アラン・ダール（1915～2014）は、アメリカの政治学会会長を務めたこともある政治学の泰斗（イェール大学教授）。「ポリアーキー（polyarchy）」（多頭制）という概念で、公的異議申し立てと広範な政治参加の観点から各政治制度の民主化度が測定されると提唱したことで知られる。

ここからは、ゼミ生の皆と議論しながら、考えてみたい。

秩序を生むのは「権威」か、それとも「権力」か？

小原：次の2枚の絵を見てほしい。2枚とも、ある小学校のふたつのクラスの学級会の様子を描いたものだ。それぞれのクラスには複数の人間がいるから、それぞれひとつの小さな「社会」として見ることができる。

見ての通り、ひとつめの「クラスA」では整然と学級会が行われているのに対し、もうひとつの「クラスB」では、生徒たちが喧嘩したり騒いだりしていて、学級会どころではない様子だ。

この両者を比較して、「権力」と「権威」の観点からどういうことが言えるだろうか？

青山：クラスAの生徒たちが皆、まじめに学級会に参加しているのは、間違いなく「権威」のある先生がいるからです。

図1-1　小学校のふたつのクラス

クラスA

クラスB

小原：クラスBはどうだろう。「やめなさい」と呼びかけている女性がいるよね。彼女に「権威」はない？

青山：生徒たちが耳を貸そうとしていない以上、彼女には「権威」はないと考えます。

小原：とすると、権威の有無が秩序の有無につながっている？

青山：ダールの定義にしたがえば、クラスAの先生には「権威」があり、クラスAの生徒たちは権威のもとで「ルール」を守り、そこに秩序が生まれている。

小原：誰か異論は？

兜：僕が通っていた中学校で、一時期学級崩壊寸前だったクラスの先生が腕力のある体育の先生に代わった途端、おとなしいクラスになりました(笑)。今から考えると、あのときの体育の先生には権威というより権力があったように思います。

厚木：僕も兜くんに賛成。先生が必ずしも権威を持つとは限らないし、また、権威だけでルールが守られるわけでもないと思います。結局のところ、秩序というものは権威よりも権力によってこそ生まれ、維持されるのではないでしょうか。

小原：ダールが政治の定義に「権力」と「権威」の両方を登場させた理由が、少し見えてきたようだね。

「権威」と「権力」の関係について、少しだけ補足をしておきたい。

「権威」には、生徒が自発的に従ってくれる「力としての権威」という性質がある。それは、教師の社会的地位から生まれる優越性（これを「**外的権威**」という）に基づいたものだ。

一方、教師の社会的地位が低下したと言われる今日、単に「外的権威」があるだけでは生徒が従わなくなっている。そのとき、教師の該博《がいはく》な知識や豊かな人間性によって生まれる優越性（これを「**内的権威**」という）があることが、生徒の尊敬や服従を得るうえでは必要になってくるんだ。

しかしいずれにせよ、**「権威」による自発的な服従が難しくなれば、「権力」という強制的な力に頼らざるを得なくなる**のは確かだ。

このように、「権威」と「権力」の関係は複雑だ。たとえば中国では、歴史的に「徳治主義[03]」が尊ばれたけれど、それは「権威なき権力」をよしとしない思想があったからだと言われている。あるいは日本でも、「権威」と「権力」は別のものとして分けて考えられてきた。歴史上、武士の「権力闘争」には天皇の「権威」が絡むことが少なくなかったということに、そのことを確認できる。

さて、以上のことを踏まえて、ここからはいよいよ「国際政治」について考えていくことにしよう。

国際社会に「先生」は存在するか？

小原：「国際政治」とはいったい何か。この大きな問いを考えるにあたって、ここまで

「政治」とは何かを皆と考えてきた。それでは、そこに「国際」という言葉が加わることで、どんな意味に変わるかを考えてみたい。

「国際」とは「〈ある国と別な国との／いくつかの国にまたがる〉関係」である。したがって「国際政治」とは「いくつかの国にまたがる権力、ルール、権威を含む国家関係全般」である、と言える。

これで理解できるだろうか？

霞が関：意味は理解できますが、どういうことなのか、ちょっとイメージしづらいです。

小原：正直な感想をありがとう（笑）。いや、これは実際わかりにくいと思う。少し、アプローチを変えてみよう。

ある言葉について考えるとき、それとよく似た言葉と比較することで、その意味がより

03 編注：法律によって政治を行う法治主義に対し、道徳により民を治める政治をめざす考え方。儒家の基本的な思想。（大辞林 第三版）

はっきりする場合がある。「国際政治」について言えば、ちょうどいい比較対象になるのは「国内政治」じゃないかな。

両者の最大の違いは何だろう?

霞が関:一元的な統治機構があるかないか、でしょうか。国内政治は、ひとつの国家においてあるひとつの中央政府が一元的な統治を行い、ひとつの法体系のもとで社会秩序を形成され、維持された社会における政治です。

いっぽう国際政治とは、こうした国家がふたつ以上並存し、お互いに対等な主権を行使する形で繰り広げられる政治です。

小原:そうだね。誤解を恐れずわかりやすく言うと、**国内政治がひとつの秩序のもとでの法に基づく政治であるのに対し、国際政治は無秩序のなかでの力による政治である**と言ってもいい。国際政治が「権力政治」と言われるゆえんだ。

もちろん、現実には、すべての国で秩序が保たれ、「法の支配」が実現しているわけではない。イラクやアフガニスタン、イエメンや南スーダンといった、いわゆる「破綻国家」と呼ばれる国では、政府が国全体をきちんと統治できているわけではないからね。とはいえ、**秩序という点では、一般的に、国内社会が国際社会より成熟していると言える**。先ほどの学校の例で言えば、秩序あるクラスAは「国内政治」、秩序のないクラスBは「国際社会」の姿に近いと言えるだろう。

そして、これまで議論してきた通り、「国内社会」には絶対的な権威や権力（つまり先生）が存在するのに対し、「国際社会」にはそれが存在しない。

言い換えれば、**「国際政治」は「先生がいない政治」**だ。国内政治と国際政治の違いを、近代国家の成り立ちを振り返ることでさらに考えてみよう。

国家のあり方を変えた「怪獣」

小原：次の絵を見てほしい。この絵は、17世紀イギリスの思想家、トマス・ホッブズが著した政治哲学書『リヴァイアサン』に出てくる有名な扉イラストだ。

リヴァイアサンとは、比類なき強さを持つ「海の怪獣」のこと。ホッブズは、中世から

図1-2 『リヴァイアサン』の扉イラスト

近代へと移りかわる時代に活躍した政治思想家だが、**彼の本で描かれた「リヴァイアサン」には、この時代に生まれ、現代にも通じる「政治」の本質が説き明かされている。**

この絵をよく見てみてほしい。リヴァイアサンの体が、無数の小さな人間から成っていることに気づいただろうか。そして、その頭に王冠をかぶり、右手に剣、左手に聖職者の持つ牧杖《ぼくじょう》を持っている。

ホッブズはこの奇抜とも言える絵で、いったい何を表そうとしたんだろう？

青山：無数の人々が集まって一体になっているということは、この怪獣自体が「国家」なのではないでしょうか。国家は人民によって構成され、剣は「権力」の象徴、王冠や牧杖は「権威」の象徴ですよね。つまり、国家は「権力」と「権威」によって統治されるということを、この絵で表現していると思います。

小原：まさに、この絵が表すのは「国家の主権」という概念にほかならない。主権という絶対的な権力を体現するリヴァイアサンは、国民の安全を保障する。**平和な社会を築くための国家のあり方を示しているん**だね。

では、こうした思想が登場した当時の時代背景を考えてみよう。

当時、イギリスでは清教徒革命（1639～60年）が起きて、議会派と王党派が血で血を洗う抗争を繰り広げていた。また、海を隔てた大陸でも、三十年戦争（1620～48年）が続く暗い抗争の時代にあった。この間、重税や魔女狩り、あるいはペストなどの伝染病も重なって、**主戦場になったドイツでは人口が3分の1以上も減少してしまった**と言われている。

こうした時代を経て、「国家は神によって作られ、その権力の正統性も神によって担保される」といった国家観は薄れ、また、それまで長くヨーロッパを支配していた主従関係にもとづく封建秩序も崩壊する。

そして、それに代わる秩序として、ホッブズが『リヴァイアサン』で描いたような主権国家からなる国際社会がヨーロッパに成立したというわけだ。

ところで、ホッブズの『リヴァイアサン』には、ある有名な言葉が登場するよね。

厚木：「万人の万人に対する闘争」ですね。

小原：そうだね。ホッブズは、彼の生きた時代背景もあって、人間の本性を極めて悲観的に捉えた。つまり、**人間は生まれつき自己中心的で、国家のない「自然状態」においては私利私欲に走って互いに相争うことになる**と考えた。

こうした「自然状態」のなかでは、「生存への欲求」とそのための「暴力の行使」という「自然権」が万人に認められているため、「万人の万人に対する闘い」は永遠になくならないことになる。

しかしそれでは、人間は互いに殺し合い、最後には絶滅してしまうほかはない。したがって、自然状態にある人間が、恐怖や不安に打ち勝ち、共存していくためには、「生存のための暴力の行使」という自然権を放棄し、国家（君主ないしは合議体）に譲り渡さなければならない。するとそこに、唯一絶対不可分の「主権」が成立し、その下で国民は安全を保証されることになる。

つまり、**絶対的な権力である主権を持つ国家しか「暴力の行使」（警察や裁判所による公権力の行使）ができなくなるから、必然的に「万人の万人に対する闘い」は起こらず、平和で安定した秩序が保たれるようになる**、というわけだ。

これが、ホッブズの唱えた「リヴァイアサン」の思想であり、近代国家のあり方を根本から支える重要な考え方となったんだ。

3人の思想家が口を揃えて言ったこと

小原：ここで、ホッブズと並ぶふたりの偉大な思想家が提示した「国家観」もあわせて紹介しておきたい。

ひとりは、17世紀イギリスを代表する思想家、ジョン・ロック。彼は、ホッブズと違って、人間には理性があり、いきなり争うことはないと考えた。彼の考える「自然状態」はホッブズが考えたほど危険なものではなく、比較的平和なものだ。

この「自然状態」において、すべての国民は生まれながらに「生命」や「身体」、そして「財産」を保持する権利を有しており（これがロックのいう「自然権」だ）、互いに尊重もしている。ただ、それを確実なものにするために、一部の自然権を国家に委ね、保証してもらう必要があるとロックは考えた。

小原：したがって、国民から「自然権」を委ねられた国家は、それを保証するため、国民の信託に基づいて必要となれば主権を行使する。

図1-3　3人の思想家

トマス・ホッブズ（Thomas Hobbes、1588-1679）

ジョン・ロック（John Locke、1632-1704）

ジャン＝ジャック・ルソー（Jean-Jacques Rousseau、1712-1778）

けれどももし、**国家が主権を適切に行使しなければ、そもそもの主権者である国民は「抵抗権」を行使し、委ねた「自然権」を取り戻したり、場合によっては国家を打倒したりできる。**[04]

もうひとりは、18世紀フランスの思想家、ジャン＝ジャック・ルソー。彼は、「自然状態」をロックが考えるより、さらに自由で平等な平和な状態であると見なした。

しかし、ルソーは、私有財産制のもと個々人の欲望が増大しており、それによって「自然状態」が歪められると考えた。そして、公共の福祉を目指すために「一般意思」を働かせる必要があると主張した。

このように、ホッブズは性悪説に立ち、ロックとルソーは性善説に立った。こうした人間観の違いから、3人それぞれの異なる国家観や主権観が生みだされたわけだ。ホッブズが君主を主権者として認めたのに対し、ロックは議会主義を重視したし、ルソーは人民主義による直接民主主義を主張した。

しかし、3人に共通して言えることがふたつある。第一に、**国家とは主権という絶対的**

な権力を行使する主体であるということ。第二に、国家（君主や政府）が主権を行使する正統性を、国民相互の自発的な契約に求める社会契約説に立っていたということだ。

国内社会に権力や権威を持つ「先生」が存在すると言える背景には、こうした思想や理論が存在しているんだ。[05]

国際社会は「怪獣たちが生存競争を繰り広げているジャングル」

小原：それでは、これまでの議論を踏まえて、現実の国際社会について考えてみたい。

国際社会とは、リヴァイアサンという主権国家が並存する社会であり、言ってみれば、**「怪獣たちが生存競争を繰り広げているジャングル」**だ。17世紀のヨーロッパで成立した

04　この点は、ホッブズの考え方と異なっている。ホッブズは、相互の契約によって主権を作りだしたのは国民であり、ゆえに国民は主権者のあらゆる行為・判断を作りだした張本人であるから、主権者を非難したり、打倒したりすることは許されないと考えた。

05　マックス・ヴェーバーは、国家を「ある一定の領域の内部で正当な物理的暴力行使の独占を要求する人間共同体」と定義した。

国際社会のこの構造は、現在もなお、基本的には変わっていない。

もし、この怪獣たちが仲良く共存していけるのであれば、「国際政治」はそもそも必要とすらされないだろう。**しかし現実には、人間がお金や地位や名誉を求めるのと同じように、国家も自国の利益になることを求めて行動する。**そして、国家間には力の差があるから、力の強い国は力の弱い国に戦争を仕掛けることもできる。

そんな例は、歴史を見れば枚挙に暇がない。

20世紀に起きた二度の世界大戦を考えてみてほしい。世界中が戦争状態に突入し、未曽有の破壊と犠牲に見舞われた。ホッブズの「万人の万人による闘争」が、国家単位で行われたようなものだ。これから先、第三次世界大戦が起きるかどうかは定かではないけれど、それがもし起これば、先のふたつの大戦よりはるかに壊滅的なものとなるということだけは確かに言える。

国家総力戦となった20世紀のふたつの世界大戦は、一度始まると、それ自体が動力を持ってどちらかが滅びるまで続いた。日本は広島・長崎に原爆を落とされ、仲介を期待したソ連には中立条約を破棄され、満州に攻め込まれて、やっと、降伏の求めに応じた。

このような「万人の万人による闘争」から抜け出すためには、ホッブズやロック、ルソーらが主張した「社会契約説」のように、「公共的な権力」が必要となる。すなわち、**国際社会のメンバーたるすべての国家がその主権を譲り渡す世界政府を立ち上げることだ。**

しかし、そんな世界が実現する見込みはない。だとすれば、僕らに何ができるだろうか。

厚木：「万人の万人による闘争」を終わらせ、恒久的な平和を実現するためには、ホッブズが絶対的な権力としての国家主権を訴えたのと同じように、国際社会にも絶対的な権力が必要なのではないでしょうか。秩序を乱す国にルールを守らせるには、やはり圧倒的な強制力が必要です。つまり、最終的には軍事力に頼らざるを得ないということ。実際アメリカはそんな外交をしてきたと思います。

小原：それは、「覇権安定論[06]」とも言われる考え方だね。

確かに、冷戦が終結し、ソ連が崩壊した後、アメリカにはそんな力があったし、「世界の警察官」とも呼ばれた。アメリカ（の覇権）による平和、すなわち**「パクス・アメリカーナ」**が実現していたとも言われた。この時代のアメリカは、ほとんど一国の力で国際秩序を支えていたと言えるほどに強かったんだ。

顕著な例が、１９９０年の湾岸戦争だ。イラクが国際法を踏みにじってクウェートに侵攻したことを受け、国連の多国籍軍が組織される。しかし、多国籍軍とはいえその主体はアメリカ軍であり、中東で最強と言われたイラク軍をひとたまりもなく壊滅したハイテク兵器などの圧倒的軍事力は、世界を驚嘆させたんだ。

「世界の警察官」を辞めたアメリカ

小原：しかし近年、アメリカの力には衰えが見える。

象徴的なのが、２０１３年9月10日、シリア内戦についてテレビ演説を行ったオバマ大統領の口から出た次の発言だ。

"America is not the world's policeman"（**「アメリカは世界の警察官ではない」**）

さらに、こんな発言も続いた。"Terrible things happen across the globe, and it is beyond our means to right every wrong."（「地球上のいたるところで恐ろしいことが起こっているが、**我々の力だけではすべての悪を正すことはできない**」）。

これは、「世界の警察官」として振る舞うことを自任してきた戦後アメリカの力の衰えを自ら認めるとともに、外交姿勢を大きく転換する重大な発言であり、世界に衝撃を与えるものだった。

それに追い打ちをかけるがごとく、トランプ大統領にいたっては世界の警察官を辞めるにとどまらず、「アメリカ・ファースト」を掲げ、**自国の国益を優先する**と宣言した。具体的には、移民の規制を強化し、保護貿易に大きく舵を切り、リベラルな国際秩序の柱として期待された「環太平洋パートナーシップ（TPP）」や「気候変動パリ協定」といった枠組みから離脱したんだ。

いったいなぜ、アメリカの対外姿勢はこれほど変化したのだろうか？

06 編注：ある一国の勢力が他国を圧倒するほどに優越している覇権構造が存在するときに国際レジーム（体制）が安定し、逆に、覇権国が衰退するとそのレジームは不安定ないし変容を示す、とする国際政治経済理論。（ブリタニカ国際大百科事典）

兜：中国が象徴的ですが、かつて新興国と言われた国々が先進国を上回るスピードで経済成長するようになったことが大きな要因だと思います。つまり、アメリカの衰退というよりも、アメリカ以外の国の台頭が著しく、アメリカは相対的に衰退した、ということではないでしょうか。

小原：確かに、冷戦後のアメリカの一極時代は終わったと言える。**アメリカを中心とする「G7（先進国首脳会議）**[07]**」も、世界経済を牽引する力を失っていると言われて久しい。**今では、台頭する新興国を加えた「G20」や、米中二大国が世界を動かす「G2」、あるいはリーダー不在の「Gゼロ」という形容までなされるほど、世界は多極化してきた。

そのようななかで、ヨーロッパ統合の役割を担ってきた欧州連合（EU）も、皆よく知っての通り、イギリスの離脱（Brexit）や反EUを掲げる極右政党の躍進などで求心力を失ってしまっている。戦後の国際秩序が瓦解するなかで、新たな秩序の姿も見えてこないという状況だ。

そして世界には、「先生」の役割を果たそうとする大国もいない。

ふたつの世界大戦という失敗を経験した人類は、「ルールなきジャングル」に戻りつつある国際社会を立て直すことができるのだろうか。

霞が関：私は、国際社会には本来、先生と生徒のような関係は成立し得ないと思います。既に議論してきた通り、先生と生徒は「教える立場」と「教えられる立場」であり、先生は生徒よりも一段も二段も高い地位にいるべき存在です。ちなみに小原先生は、私にとって三段くらい高く感じる存在ですが（笑）。

確かに、アメリカ大統領は世界で最も力がある権力者かもしれません。しかし、とは言えアメリカは、世界に数ある主権国家のひとつでしかない。たまたま他を圧倒するパワーを持つことになったから、世界の秩序を維持する役割を引き受けて、頑張っていたにすぎないのだと思います。

実際、そうしてアメリカが他国に制裁を科したり、軍事行動を起こしたりすると、「一国主義」への批判や「内政不干渉の原則」[08]に反するのではないかとの議論も起こりました

07 G7とは、アメリカ、イギリス、フランス、ドイツ、イタリア、日本、カナダの7カ国。第1回G7サミットは1975年に開催された。冷戦後の一時期にはロシアが参加し、「G8」も生まれた。いずれにせよ、中国は入っていない。

08 編注：国家が自由に処理できる事項については、他の国家が命令的に介入してはならないという国際法上の原則。（大辞林 第三版）

よね。そうした批判が高まったのは、それが「先生」としての行為ではなく、いち「生徒」の行為でしかなかったから、ではないでしょうか。

小原：本質的に、国際社会に「先生」はいないというのはその通りだね。

冷戦が終結して、ソ連が崩壊したあとのアメリカは、「現代の帝国」と形容されるほどの比類なきパワーを持つ国となった。そして、冷戦後の国際社会においては、アメリカが（本当の先生ではないものの）「事実上の先生」のような使命感――専門家はこれを「宣教師」的な国際主義と呼んでいるけれど――に駆られて、自分たちの信奉する価値やルールを世界に広めようとした、とも言える。こうした動きを評価する人たちが「パクス・アメリカーナ」と呼んだわけだね。

しかし、繰り返すように、そんな時代は長くは続かなかった。

きっかけは、2001年に起きた同時多発テロだ。アメリカは、「テロとの闘い」と称して、アフガニスタン戦争を始め、さらに大量破壊兵器の存在を主張し、あるいは（それが存在しないとなると）「中東民主化」を錦の御旗に、イラク戦争にのめり込んだ。

このとき、「先生」ではないが「学級委員」のような国連は、イラク戦争にお墨付きを与えなかった。安保理では意見が分かれ、アメリカの同盟国であるフランスやドイツも支持しなかったんだ。日本国内でも世論が割れるなかで、当時の小泉首相に対して、「国際協調か日米同盟のどちらを選択するのか」といった質問も飛び出した。結果的に、日本は自衛隊を派遣してアメリカを支援することになった。

青山：このときのアメリカは、「事実上の先生」でもなく、ドラえもんの「ジャイアン」のようなガキ大将として振る舞ってしまったということでしょうか。

小原：うまい形容だね。その結果、戦争は泥沼化し、中東は大混乱に陥った。

これにより、アメリカの「権力」と「権威」は失墜した。民主主義という良質の価値も、力による押しつけでは普遍的な価値として世界中で受け入れられるわけではないということがはっきりしたんだ。フランシス・フクヤマは、冷戦後の世界では民主主義の広がりによって「歴史の終わり」がやってくると予言したけれど、それは幻影だった。

「先生」ぶったガキ大将の振る舞いは、その「子分」たちにも大きな負の遺産を残した。イギリスでは、ブレア首相が"I will be with you, whatever."(何があろうとも私はあなたとともにある)との有名なメモを残してイラク戦争に参加したけれど、イラクに対する武力行使の合法性をめぐる議論が高まり、2016年の戦争調査委員会の報告書により厳しい批判を浴びた。また、アメリカのあらゆる戦争に付き従ってきたオーストラリアでも、イラク戦争時の首相であったハワード氏に批判の矢が向けられた。

そして、ふたつの戦争の失敗に追い討ちをかけるように、2008年のリーマン・ショックを機に世界金融危機が起こる。これによって経済的にも大きな痛手を受けたアメリカは、「帝国」としてのパワーを大きく損ない、2013年のオバマの「世界の警察官ではない」発言に至る、というわけだ。

さて、大国による「一極支配」の限界を認識したところで、今回のゼミはここまでにしておこう。次回は、残された可能性、つまり世界的な「共同統治」の可能性について、より掘り下げて考えていくことにしたい。

第**1**回 まとめ

国際社会の秩序とは何か

政治とは何か？

◎政治とは「権力、ルール、権威を含む関係全般」。
◎「権力」は、他人を強制・服従させる力や関係。
「権威」は、自発的な同意や服従を促す能力や関係。

国際政治に「先生」は存在するか？

◎国内政治には絶対的な権威・権力が存在するが、国際政治にはそれがない。
つまり、国際社会には国内社会のような「先生」は存在しない。
◎ホッブズ、ロック、ルソーは、主権という強制力の主体が
国家であることでは一致。
「正当な物理的暴力行使の独占」（マックス・ヴェーバー）とも言える
主権のもとで国民の安全が維持される。
◎国際政治には「先生」がいない。

国際秩序はどうつくられるか？

◎国際社会は、「怪獣（リヴァイアサン）」としての主権国家が並立する社会。
そのなかで、最強のリヴァイアサンが国際秩序をつくる。
◎アメリカは「世界の警察官」であることをやめ、冷戦後の
「パクス・アメリカーナ」は終わった。

第2回

「世界連邦」は実現可能か

What To Think
考えること

「世界連邦」は生まれるか？

「共通の敵」は本当にいるのか？

国際政治を動かすのは「国家」か、

それとも「個人」か？

小原：さて、第2回のゼミでは「世界連邦」の可能性について、踏み込んで考えていきたい。

第1回のゼミで僕らは、アメリカのような超大国による「一極支配」の限界を認識した。そこで今回は、国際社会に秩序をもたらすための別の方策について議論してみよう。

それは、一番大きなリヴァイアサンに任せるのではなく、ひとつのリヴァイアサンしか認めないことによって、安定した秩序をもたらすことだ。つまり、世界のすべての国々が主権を制限し、さらには委譲することで、理想的には「世界連邦」という究極の姿を描くことができる。

「世界連邦」は生まれるか？

小原：そうした理想には及ばないものの、国連やヨーロッパ連合（ＥＵ）はここでの議論に値する。

国連には現在、１９３の国家が加盟している。いま地球上には２００近い主権国家が存在しているから、国連は地球上のほとんどすべての国家が参加する枠組みであり、その意味で、**これまでに人類が到達した最も普遍的な国際機関**だと言えるだろう。

その国連が掲げるルールとして第一に挙げたいのが、「**主権平等の原則**」だ（国連憲章第2条）。たとえば、すべての加盟国が参加する国連総会では、超大国であるアメリカも、人口1万人に満たないナウル共和国も、同じ重みを持つ1票を有していて、国際社会の問題について平等の資格で発言し、決定に参加できるようになっている。

しかしその一方で、国家のパワー（国力）には差がある。したがって、**「主権平等の原則」はあくまで「原則」であって、実際にはより力のある国の声が大きくなるのは避けられないんだ。**

この現実をそのまま反映するかのような存在が、国連の「安全保障理事会」（通称・安保理）だ。

安保理は、5つの常任理事国と、10の非常任理事国からなる。この安保理の決議には193の加盟国すべてが従わなくてはならない。

ただし、米、英、仏、ロ、中の5常任理事国は拒否権を有していて、この5カ国が全員賛成しない限り、決議を採択することはできないようになっている。実際、大国間で利害が対立する問題では、決議の採択が難しいという現実がある。そしてこの現実は、**主権国家の合議体である国連には必然的に「合議の限界」がある**ということを示している。

では、そうした限界を乗り越えるためには、主権の克服が必要になるが、それは可能だろうか。

青山：人類は、国際連盟、国際連合、EUと前進しています。ホッブズが「リヴァイアサン」のなかで「国民が自然権を国家に委ねる」と描いたように、世界のすべての国家が主権を委譲した世界連邦の実現も決して夢ではないと思います。

小原：イマヌエル・カントは、統一国家を断念し、「自由な諸国家の連合」を提唱した。それに応えたのがヨーロッパ連合（EU）だ。青山さんの言う「連邦」とまでは言えないけれど、経済を中心にそれに近づく統合を進めてきたと言える。「連合」も「連邦」も「並列的国家統合」と言われるけれど、「国家連合」の諸国家は国際法上の主体であって、主権国家であるのに対し、「連邦国家」の諸国家はそうした立場を著しく欠くという点で大きく異なっている。ＥＵは、その中間形態だ。近年、イギリスの離脱などもあって統合の足並みは乱れているけれど、歴史的に見れば大きな進展だと言える。

霞が関：とはいえ、青山さんの理想とする世界連邦が実現するとすれば地球外生命体の襲来に遭って「人類の危機」に直面したとき、くらいなのではないでしょうか。それぐらいの危機に直面すれば、世界中の国家は結束して、「地球防衛軍」が組織され、世界連邦が実現するかもしれませんが。でも逆に言えば、そんなＳＦのような人類の危機でも起きない限り、世界連邦なんて「見果てぬ夢」だと思います。

小原：「人類の危機」は、決して単なるＳＦなどではなくて、とても現実的な問題として存在しているよ。

たとえば、地球温暖化の問題を考えてみよう。

18世紀に産業革命が起こってから、今日までに地球の平均気温は1・6度上昇している。**これが2度を超えると、世界中が猛烈な異常気象に襲われると言われている。**

そうなれば、地球温暖化はまさに「人類共通の生存問題」となり、アメリカの利益だ中国の利益だ、などとは言っていられなくなるよね。2015年に米中も参加した「気候変動パリ協定」が成立した背景には、そうした認識の広がりが確かにあった。

青山さんの言う通り、国家主権を制限する強力な国際統治機構を作って、世界のすべての国が「宇宙船地球号」の乗組員となって一致協力して、直面する危機を解決していくことが最も効果的だと言える。もちろん、その実現がとても難しいことは確かなのだけれど。

あるいは、テロの問題にしたって同じことが言える。

イスラム国のようなテロ組織の過激思想は、インターネットを経由して世界中に広がって、国境を超えて多くの若者に影響を与えた。「ホームグロウン・テロ」、つまり、国外の過激思想に影響を受けて国内でテロを起こす事例が多発しているように、いまや欧米先進国社会の市民のなかからもテロリスト予備軍が育ってきているという状況だ。

テロについては、武装テロ組織による自爆テロや無差別発砲だけではなくて、サイバーテロも無視できない。特に、**国家によるサイバー攻撃がいま深刻な問題となっている。**2016年には、ロシアによるアメリカ民主党本部へのハッキングが大統領選挙の結果に少なからず影響を与えたとも言われた。

その開発に時間とコストを必要とする核兵器とは違って、サイバー兵器にはそうした制約はほとんどない。安保理常任5大国とインド、パキスタンといった限られた国しか持たない核兵器とは違い、サイバー兵器は30カ国以上が持っているとも言われている。

たとえば北朝鮮だ。核兵器開発がいま大問題となっているけれど、そのサイバー攻撃にも目を向ける必要がある。現に、北朝鮮ハッカーのサイバー攻撃を受けたソニー・ピクチャーズ・エンタテインメントはシステムの7割がダウンしてしまったと言われている。

しかし、「電気をつけたことのない国でどうやって電気を切るのか」というような言い方がされているように、**サイバー戦争というのは北朝鮮のように社会の高度産業化・情報化が遅れている国のほうが、たとえ攻撃されたとしても被害が少なくて済むからむしろ有利**なんだ。アメリカなどはIoT社会と言われているように、あらゆるものがインターネットにつながっているため攻撃されたら甚大な被害が発生するけれど、北朝鮮の場合はそうではない。[09]

ITやGPSで運用されるハイテク兵器では圧倒的な優位を保つアメリカ軍もいま、サ

09 宇宙衛星カメラから夜の北東アジアを覗いてみると朝鮮半島の北部だけがすっぽりと真っ暗になっているのは有名な話。

イバー攻撃の対策に追われている。しかし、自由とプライバシーを求めるアメリカの市民社会では対策は思うように進まないのが現状だ。

日本も例外ではないよ。巨大地震だけではなく、サイバー攻撃によっても、ある日突然電気が消え、ネットワークがダウンし、日常生活が大混乱することを想定して対策を急ぐ必要がある。

要するに、**いまやサイバーテロは国際社会全体の安全を脅かすまでになっている**ということだ。サイバーや宇宙は相互脆弱性を抱え、攻撃優位の空間でもある。各国が相互に自制を働かせるための共通のルール作りが求められているんだ。

ほかにも、猛烈に致死性の高い感染症が発生して世界中で蔓延するようなケースだって、問われていることは同じだ。

青山：人類共通の巨大な脅威は「超国家的権力」への一歩を促すとも言えそうですね。

小原：そこまで行かなくとも、世界が直面する「共通の脅威」に立ち向かうためには、主権国家の枠を超えた国際協力や国際機関が必要とされていて、場合によっては各国が主権を一部制限する形で、国際条約を締結したり、独立した国際機関を立ち上げたりすることも必要になるんだ。

「共通の敵」は本当にいるのか？

小原：しかし世界の現実を見れば、そうした動きはむしろ停滞しているようにも見えるよね。「アメリカ第一」がそれを象徴している。国境を越える地球規模の問題[10]は現に存在していて、「人類共通の脅威」になっていることは確かなのだけれど、なぜ国家は主権への執着を捨て去れないのだろう。

青山：世界各国が団結しないといけないほどの脅威ではないから、ではないでしょうか。

10　これらは「グローバル化の影」、つまり、グローバル化の副作用として認識されている。

たとえばテロへの受け止め方ひとつとっても、脅威認識は一様ではないですよね。テロが頻繁に起こっている欧米諸国の人々が日常的に感じているテロへの恐怖や不安は、日本や中国の人々の想像をはるかに超えると思います。日本人の多くは、テロなんてどこか遠くの国の話だと思っているように、私には見えてしまいます。

あるいは、温室効果ガスの排出規制についても、一部の途上国は「先進国が作り出した問題であって途上国の経済発展の権利を侵害することは公平ではない」などと主張していますよね。ということはつまり、**テロや地球温暖化が人類共通の脅威である、という共通認識にまでは至っていない**ということのかなと。

小原：それはつまり、こういうふうに言うこともできるかな。グラスに水が半分入っているとしよう。それを「半分しか入っていない」と見る人もいれば、「半分も入っている」と受け止める人もいる。**ひとつの事実に対して、認識や受け止め方は多様になり得る**ということだね。

また、砂漠を旅するふたりがいるとして、先に半分の水を飲んだ人が「残り半分を飲むと水がなくなるからあとは節約しよう」と、もうひとりに呼びかけたとしたら、相手はどう答えるだろうか。いずれも、霞が関さんの指摘に含まれる問題意識だ。

それでも、地球温暖化のケースは国際政治の歴史からすれば共通認識が最も深まった問題であって、「共通の脅威」と言えるのではないだろうか。

気候変動に関するパリ協定に、実に196カ国が参加を表明したという事実がその何よりの証左だ。気候変動は海面上昇によって水没の危機に直面している太平洋の島国ツバルにとどまらない地球全体の問題であり、かつ先延ばしができないほどに深刻な問題だ。そうした認識が、ほとんどすべての国家に共有されていると言えよう。[11] 言い換えれば、**この協定の採択時には、(シリアなど一部の国を除く) 国際社会共通の危機感と、共同行動の必要性についての共通認識に到達した**と言えるだろう。

しかし、残念ながらこの最大の「共通認識」は、トランプ大統領がアメリカの協定離脱を発表したことで揺らいでいる。アメリカの国益を最優先するトランプ大統領は、アメリ

11 特に、これまでそうした枠組みに対して消極的だった中国が参加した意義は大きい。中国が直面する環境問題は深刻で、放置すれば社会の安定から政治の安定にまで影響しかねないとの危機感がある。

カの労働者の不利益や富の流出を理由に挙げているけれど、そもそも気候変動など捏造だとさえ批判していた。

しかし、熱波や森林火災などの異常気象が気候変動と何らかの関係があることは多くの科学者が認めるところ。オバマ大統領がパリ協定に署名し、再生可能エネルギー重視の政策を進めたのとは対照的だね。

「誰」が世界を動かすか

小原：こうした指導者の思想や価値観や利害関係の違いは、国際政治を考える上で重要だ。つまり、**政治のプレイヤーたる人間は、国際政治においても大きなプレイヤーなのだ**ということ。

主権国家が並立して存在するという国際社会の構造そのものに変化はないけれど、国家は主権を行使する中央政府、政府を代表する大統領や首相によってその意思を発し、行動する。つまり、**国内政治同様、国際政治においても国家を代表する個人が大きな役割を果たしている**ということだ。

わかりやすく言えば、リヴァイアサンはトランプであり、プーチンであり、習近平であり金正恩なのだ、と考えてもらってもいい。

国際社会における国家の行動は、突き詰めれば国家を代表する個人の行動に還元されるということ。その意味で、国家と個人の関係が重要となってくる。

国家と個人の関係は、それぞれの国家がどのような政治的成り立ちをしているかによって、多様なあり方が存在する。ひとりの君主や独裁者が専制統治を行う場合もあるし、あるいは、主権者である国民の選挙によって成立した政府を率いる指導者のもとで統治される民主主義国家もある。しかし、**いずれの場合においても、国家の行動の背後に「権力者」という個人が存在していることに変わりはない**。その権力者がどれだけ強い政治権力を保持しているかによって、権力者の決定の自由度が変わるというだけに過ぎないんだ。

霞が関：日本やアメリカのような民主主義国家だったら、権力者の決定の自由度は低いですよね。一般大衆の多数意見である世論や、特にメディアに左右されるし、国家の最高指導者から政府各部門の責任者、議会や利益団体の実力者など、さまざまな個人が政策決定プロセスに関与しています。

小原：その通りだね。それは、**民主主義が外交に与える制約**、と言ってもいい。かつて、19世紀フランスの政治思想家、アレクシ・ド・トクヴィル[12]は、名著『アメリカのデモクラシー』のなかで、次のように述べている。

民主主義国家に特有の性質は数多くあるが、およそ外交政策はそうした特質をほとんど必要としない。むしろ逆に、外交政策は民主主義国家の苦手とするような特質を十分に行使することを必要としている

（傍点筆者）

1831年に9か月間の視察旅行を行って、アメリカの民主主義を鋭く観察したトクヴィルの指摘はいまも色褪せない。この指摘から言えるのは、**外交政策は民主的なプロセスを重んじるより、権力者個人が自由に権力を行使できるようにしたほうがうまく機能するということだ。**

たとえば、米朝関係は、トランプ大統領と金正恩委員長というふたりの人間の関係性に

大きな影響を受けている。かたや超大国の最高指導者であり、世界最強の軍隊の最高司令官。そしてかたや、世界で最も閉ざされた国家の権力と権威を独占する独裁者。しかし、前者が民主主義国家の政治的制約を強く受けるのに対し、後者はそうした制約に悩まされることはない。

もちろん、独裁者には独裁者なりの国内的不安要素があるけれど、**権力基盤を固めた金正恩委員長にとって、外交は自らの手の内にあるゲームのようなもの**だろう。議会の関与やメディアの批判や国民の声を気にする必要もない。

片や、トランプ大統領もかなり特異な「ワンマン」だ。自分の意に沿わない閣僚や補佐官は次々にクビにする。トップ同士の交渉を重視し、ディールに過剰な自信を持つ大統領だ。二国間関係がこのふたりの言動によって大きく動いてきたことは間違いない。

国際社会の力や価値の構造に変化が起こり、国際政治が大きく動いている時代には、強い指導者が現れる傾向がある。世界を見回すと、そうした権力者が目立ち、**国際政治はまさに「権力政治」の特徴を強めている**。彼らがどんな価値観や世界観を持ち、どんな目標

12　アレクシ・ド・トクヴィル（1805〜1859）は、フランスの政治思想家。

や野心を追いかけ、その実現のためにどんな戦略や戦術を駆使するのか。そうした権力者「個人」の思考や行動を観察し、分析することがますます重要となっていると言える。

民主主義と外交

青山：では、国際政治を動かすのは、国家を動かす力を持った個人であり、その他の一般大衆に属する個人はしょせん傍観者に過ぎないということなのでしょうか。日本が戦争に突入し、「一億玉砕」を叫んだとき、そこに一部の政治家や軍人はいましたが、国民は不在でした。今はそうではないと言いながら、多くの国民はどれだけ政治に参画し、外交に関与しているでしょうか。

小原：いや、そう悲観的に結論づけるのは少し性急かな。一般の国民だって、その気になれば選挙や世論調査、必要ならデモや集会によっても、外交に影響を与えることができるからね。

ただ、それが過剰なナショナリズムに走る場合には、世界を知り、自国を客観的に眺められるひとりの権力者が国民世論に左右されずに、冷静に外交や戦争の決定を行うことが望ましいとも言える。日露戦争の講和会議に臨んだ小村寿太郎外相が強硬な国内世論に抗して講和条約をまとめたのはその例だ。

一方、国際連盟で強硬な脱退発言をして国内世論の喝采を浴びた松岡洋右《まつおかようすけ》のような人物もいて、一個人の資質や私欲が国家の破綻につながることもある。これは、外交と内政の関係をどう処理するかという問題でもあるんだ。

青山：民主主義国家同士は戦争をしないという「民主的平和論」がありますよね。その考え方には私も賛同するのですが、文民統制や国民への説明責任、議会やメディアの監視という民主主義の特性が、戦争への防波堤になるのではないでしょうか。

反対に、中国や北朝鮮のようにひとりの権力者が戦争するかしないかを決定するような体制にはやはり問題があると思います。やはり民主主義であることのほうが、平和の維持には望ましいのではないかと。

小原：それはどうだろう。「民主的平和論」は、民主主義国家間では戦争が起こりにくい

ということを経験的に説明したものであって、今後民主主義国家が絶対に戦争をしないという意味ではないよ。現に、民主主義国家の代表格であるアメリカはこれまで数多くの戦争をしてきているけれど、そのことはこの理論では説明できないからね。

「民主的平和論」とは真逆の指摘をする専門家も少なくない。トクヴィルは『アメリカのデモクラシー』のなかで、民主主義に内在する「好戦性」を示唆しているし、あるいは20世紀イギリスの外交官、ハロルド・ニコルソンは、外交論の古典的著作である『外交』のなかで、主権者である国民の「無責任さ」が民主的外交における危険の第一の要素だとして次のように述べている。

> 国民が対外政策を究極的に統制する主権者であるにもかかわらず、その結果伴う責任には国民がほとんど全く気付いていない

あるいはまた、代表制民主主義こそが最善の政治方式だと考えていた19世紀イギリスの哲学者J・S・ミルも、国際政治については帝国主義を是認しているんだ。まさに、今日のアメリカの戦争にも通じる「デモクラシーの帝国」の姿が垣間見えるよね。アメリカが

掲げる「中東民主化」という大義は、民主主義国家が非民主主義国家に対して仕掛ける「聖戦」であることを象徴していると言える。このことは、青山さんの支持する「民主的平和論」のネガティブな部分を明確に示しているんじゃないかな。

ただ、その一方で、民主主義や自由や法の支配といった普遍的価値を掲げるアメリカが「世界の警察官」ではないと宣言し、戦うことをやめたことで、力の空白が生じ、世界が不安定化しているとの見解も広い支持を集めてきてはいるのだけど。

青山：よくわかりました。民主主義と外交や戦争との関係について、ゼロから勉強し直します（笑）。

パスポートに見る国家と個人の緊張関係

小原：国際政治における国家と個人の関係についてもう一歩踏み込んで考えるために、パスポートを取りあげてみよう。

日本のパスポート（つまり日本国旅券）には、必ずこのように書かれている。

日本国民である本旅券の所持人を通路故障なく旅行させ、かつ、同人に必要な保護扶助を与えられるよう、関係の諸官に要請する。

これは、日本の外務大臣が、諸外国の関係機関に対して発している要請なのだけれど、この場合においては、**国民一人ひとりの安全が主権国家間の関係を規定している**とも言えるのではないだろうか。

つまり、もしAという国の国民がBという国を旅しているときに、その安全が脅かされるような事態が起これば、A国はB国に対して抗議するだろう。そしてもしB国が事態の改善を図らなければ、A国はB国に対して何らかの措置を講じる必要が生じる。つまり、国際政治が動くことになるわけだ。

パスポートは、国籍を証明して、国境を越えた移動を可能にするもの。それなしには、自国を離れて世界を旅することもビジネス活動をすることもできないよね。移動先の国に入国するために必要なビザも同様に欠かせない。人の移動が自由で、「国境がなくなった」

図2-1　日本国旅券

日本国旅券

とまで言われたEUでさえも、難民危機や頻発するテロの影響で国境管理が厳重化しつつある。

もし皆が旅行先でパスポートをなくしてしまうようなことがあったら、国家という存在の大きさをつくづく感じるのではないかな。僕は以前、上海で総領事をしていたのだけれど、そこは世界各国にある日本大使館と総領事館のなかでビザ発給件数が最も多い在外公館であり、当時、パスポートをなくした日本人が毎日のように駆け込んで来られたのを憶えているよ。

ちなみにビザの発給は、国家が対外的に主権を行使する行為だと言える。したがって、ビザの発給条件には国家と国家の関係が大きく影響する。たとえば、友好国間ではビザなしでも渡航できるのが普通だけれど、敵対関係にあれば、ビザの発給は難しいだろう。

言い換えれば、**僕らはいま、国家という存在を抜きにしては世界に身を置くことすら難しい**ということ。国家が個人抜きに成立しないように、国際政治においては国家抜きに個人も存在し得ないということだ。

優先するのは自国の利益か、普遍的な価値か

小原：国際社会における国家と個人の関係を考えるうえで、もうひとつ、皆に知っておいてもらいたいことがある。

第二次世界大戦中、ビザの発給を個人の独断で行った日本人外交官がいた。

青山：杉原千畝《すぎはらちうね》ですよね。1992年に『命のビザ』、そして2015年に『杉原千畝スギハラチウネ』という題で映画化されたので、知っています。

小原：ほかの人もうなずいているね。杉原は、第二次大戦前にリトアニアに駐在した領事だ。当時、ナチスドイツの迫害を逃れた避難民がリトアニアにも逃れてきて、杉原のいる領事館にもビザを求めて押し寄せた。彼は自らの判断で、日本に一時入国することを許可する通過査証（トランジットビザ）を避難民に発給した（次ページ写真参照）。その数、なんと6千人に及ぶ。

これは、実は外務省からの訓令に反する行為だった。当時、近衛文麿外務大臣から在外

図2-2 杉原のビザ

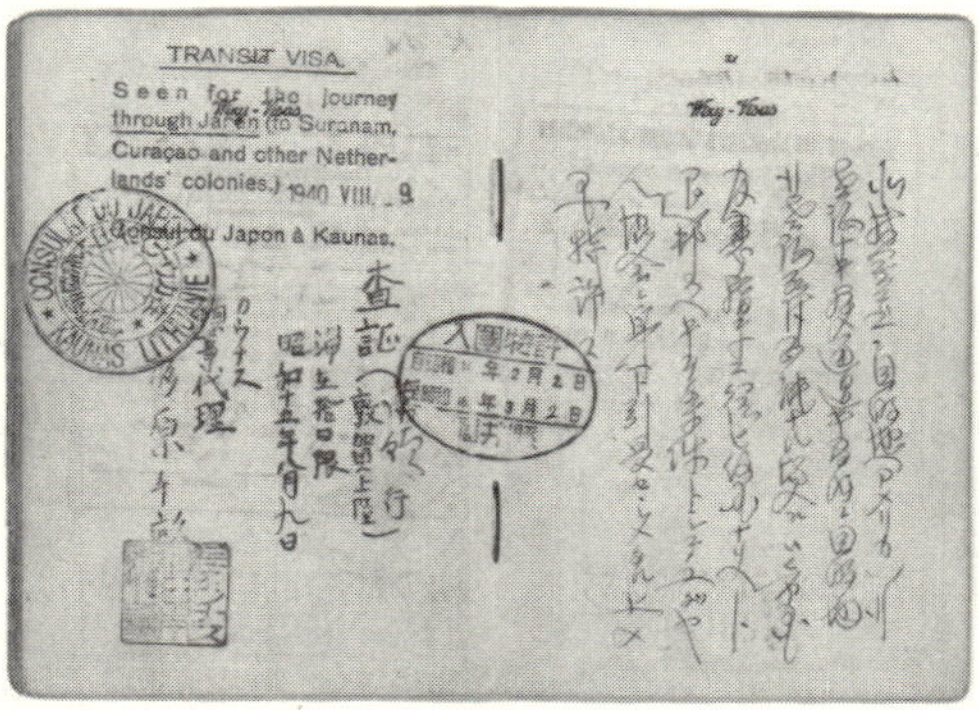

杉原千畝が発給したビザ　©NPO 杉原千畝命のビザ

公館長に出された訓令には、次のように書かれていた。

今後、この種の避難民（ユダヤ人避難民）のわが国本土並びに各植民地への入国は好ましくない（但し、通過はこの限りではない）

ここで「通過はこの限りではない」とあるが、「通過」についても、受け入れ先国の確定や十分な所持金がなければばならない、とされていた。

しかし杉原は、**人道上の観点からあえてこの訓令に背き、受給要件を満たしていない者に対して通過査証を発給した**んだ。

この杉原の行動は、戦後、国際社会において高く評価されることとなった。イスラエル政府は杉原に対し、「諸国民の中の正義の人」という称号を授与して、その功績をたたえた。そして日本政府も、訓令違反をした杉原に対して名誉回復をした。２０００年には、当時の河野洋平外務大臣が、「ナチスによるユダヤ人迫害という極限的な局面において人道的かつ勇気のある判断をした杉原はわれわれの誇りである」との談話を発表したんだ。

「国家の指示に反して、国家の主権行為であるビザの発給を行った」杉原の行動は、国際社会において国家と個人の関係がどうあるべきなのかという問いかけに対し、ひとつの重大な問題提起を行っている。

杉原は、日本の国家公務員であり、あくまでも日本の利益を代表する外交官として、本国の訓令に従わなければならない立場の人物だ。人類全体を代表するような義務を負っているわけではないから、いくら「人道」や「人権」が重要だからと言っても、自国の訓令に背くような言動は慎まなければならない。この点で、杉原の行動は「国家公務員義務違反」と言える。

しかし、結果的にはそれが多くの罪なき人々の命を救った。そして、長い時間を経たのち、杉原の人道的行動は、外務省というひとつの国家組織の一員に対する評価も変えた。

そこには、個人、国家、国際社会という三者の間の相克《そうこく》が見て取れる。つまり、**国境を越えた地球・人類社会の普遍的な価値と、主権国家の価値や利益の衝突とその間におかれた人間の葛藤**だ。

これまで僕らは、小学校の学級会の例などを考えながら、主権国家の利益と価値が最優先される国際社会について議論してきた。しかし、杉原がその行動によって僕らに教えてくれたのは、**国家という枠組みを超える普遍的価値の大切さ、すなわち人道的視点に立った正義も決して無視はできないということだ。**

残念ながらこうした正義は、近年の難民危機や頻発するテロ、貧富の格差の拡大などもあって、いまだかつてない挑戦を受けているように見える。しかし、正義の根底にあるのは、「自由」や「民主主義」、「人権の尊重」や「法の支配」といった普遍的な価値であって、こうした価値に基づくリベラルな国際秩序を守り、育てていくという国際的潮流が途絶えてしまうことは決してないと僕は信じている。

国際秩序とは、つねにこうした「価値」の問題を念頭に置いて議論すべきもの。それが、今回のゼミで僕が大切にしたい問題意識なんだ。

国家がパワーを求める理由

小原：最後に、あらためて確認しておきたい点がふたつある。

第一に、**国際社会を形成する国家の「主権」は原則平等だけれど、国家の「パワーの分**

布」は平等ではない、ということ。国際政治が「権力政治（power politics）」と言われるように、国家はその基本的性格として、権力／パワーを追求するもの。それがゆえに、国際社会では対立や衝突が幾度も引き起こされてきたわけだ。

しかし、そもそも国家は「なぜ」パワーを追求するのだろう？

この問いは、次回以降のゼミで論じていくとして、ここでは次の点だけ指摘しておきたい。

すなわち、**国家の外交目標である「国益」を実現するためにはパワーが必要である**、ということ。

国際政治学の父と言われるハンス・モーゲンソーは、現実主義の立場から、国際政治を「力として定義される利益」を追求する権力政治である、と論じた。国家が追求する利益はその国家のパワーの大きさに制約される。すなわち、パワーと利益は一枚のコインの表と裏の関係にあるということ。これこそが国家をしてパワーの追求に走らせるゆえんなんだ。

第二に、国際政治におけるパワーは相対的なものであり、かつ変化するものであるとい

うこと。特に、現実主義者は、勢力均衡（balance of power）、つまり国家と国家のパワーが釣り合っていることを重視する。

とりわけ重要なのが大国間のパワー・バランス。ナポレオン戦争後のヨーロッパは、ウィーン体制のもとで歴史上最も長く平和と安定を維持したけれど、そこには、大国間の勢力均衡が存在していた。

そして、忘れてはならないのが、これら大国間で異なる国内政治体制が共存したという、価値（正統性）の「連帯」もそこには存在したということ。[13]

次回のゼミでは、この「パワー」という視点から、国際秩序についてさらに突っ込んだ議論をしていきたい。

13 この秩序構築の立役者となったオーストリア外相メッテルニッヒは、「均衡なき平和は幻想だ」と喝破した。

第2回 まとめ

「世界連邦」は実現可能か

「世界連邦」は生まれるか？

◎EUは国家の主権の壁を乗り越えようとする試みを続けてきた。
◎人類共通の巨大な脅威に直面するとき、
「超国家的権力」への一歩が踏み出されるかもしれない。

「共通の敵」は本当にいるのか？

◎地球温暖化に取り組むパリ協定が締結に至ったのは、
「共通の脅威」への認識が生まれたから。
◎しかし、各国が国際協力より自国の利益を優先すれば、
「共通の敵」は勢いを盛り返す。

国際政治を動かすのは「国家」か、それとも「個人」か？

◎国家を動かす個人（権力者）の権力や権威、そしてその思想や
価値観に注目せよ。
◎大衆が作り出す世論やナショナリズム、
そして「自由」や「人権」といった「普遍的価値」も無視できない。
◎国際政治は、「パワー」のみならず、
「価値」の問題も念頭に置いて考えるべし。

PART 2

「戦争と平和」で本当に大切なこと

第3回

社会にとって銃は悪か

What To Think

考えること

なぜアメリカから銃がなくならないのか？

なぜスイスでは銃乱射事件が起きないのか？

銃や軍事力は何のためにあるか？

小原：人が集まれば政治が生まれ、国家が集まれば国際政治が生まれる。そして、人と人の関係、国家と国家の関係が、何らかの秩序を生み出す。第1回と第2回のゼミでは、政治についてゼロから考えたうえで、主権国家の集まりである国際社会における秩序について考えてきた。

第3回のゼミでは、この「秩序」について、「力／パワー」の観点から考えてみたい。

前回のゼミの最後に、杉原千畝の行為を取り上げながら、人道上の「価値」の話をしたのは覚えているかな。そこでは、国境を越えた普遍的な「価値」と、主権国家の「利益」の衝突があった。

今回、「力」の観点から国際秩序を考えるうえでも、この「価値」という視点を忘れないでほしい。

国内秩序であれ国際秩序であれ、およそ秩序というからには、そこにはある普遍的な「価値」が存在している。「民主主義」や「自由」などはその代表的なものだ。社会の秩序とは、そうした「価値」を維持しようとする人間の行動様式（決まった形で表れる行動のパターン）によって規定される。

したがって、**国際秩序を考えるときには、それが「力の体系」であるとともに「価値の体系」でもある、という視点を持つことが必要になる。**

銃に脅かされるアメリカ社会の秩序

小原：そのことを理解してもらうために、今回最初に取り上げたいのが「銃」の問題だ。**銃は「力」であるがゆえに、銃にどんな「価値」を見出すかによって社会秩序は異なってくる。**

僕らが住んでいる日本という社会は、治安の良さで世界的に知られている。その背景には、犯罪の原因となる「貧富の格差」や「人種・民族間の対立」といった問題がさほど深刻ではないこと、あるいは警察の能力や国民の遵法意識が高いといった点も指摘できるだろう。そして何よりも、銃の所持が禁止されていることが大きな要因であることは間違いないだろう。

アメリカは、皆も知っているとおり国民の銃所持が基本的に認められていて、民間人による銃犯罪が絶えない国だ。なかでも、学校での銃乱射事件、いわゆる「スクール・

シューティング」は、日本ではまず考えられないことだが、アメリカでは度々起こっている。

皆は、この教室に突然、銃を持った男が押し入ってきてあたりかまわず銃を乱射するなんて、想像できるだろうか。

青山：日本では想像できませんが、ここがアメリカなら十分想像できます。というのも、私は以前、アメリカの大学に留学していたことがあって、ある日突然「大学のキャンパスに銃を持った卒業生がうろついている」という情報が流れてきて、動けなくなるほどの衝撃に襲われたことがあります。そのときの恐怖感は表現できないほどに大きくて、日本に帰ってきてからも、銃撃される場面をつい想像してしまって眠れない日々が続きました。

小原：それは……大変な経験をしたね。話してくれてありがとう。今の話に、ほかの皆も、アメリカの銃社会の恐ろしさを感じたんじゃないかな。

青山さんには、そのときの記憶を蘇らせてしまうようで申し訳ないのだけれど、銃規制について議論するうえではどうしても見ておいてほしい一枚の写真がある。

図3-1　銃乱射事件

アメリカの銃乱射事件の現場をとらえた写真

小原：これは、アメリカのある小学校で起きた銃乱射事件の現場をとらえた写真だ。子どもたちが警察に連れられ、泣きながら避難しているのがわかるだろうか。不安におののく子どもたちと、その安全を守ろうとする警察や先生たち。この光景は、銃犯罪が絶えないアメリカ社会の一面をとてもよく表している。

アメリカでは、銃が絡む事件で毎年1万人以上が命を落としている。**2018年には、ほぼ毎日のペースで銃がらみの事件が起きた。**ある調査によれば、アメリカでは銃による死亡の可能性が、ほかの主要な死因よりも高いという。また、ニューヨークとロンドンの治安を比較したあるデータでは、強盗に襲われる可能性は両者で同じ程度だけれど、襲われた場合に命を落とす可能性はニューヨークのほうが54倍も高いという。

これが、アメリカという社会の現実なんだ。

アメリカから銃がなくならない理由

小原：それでも、アメリカは銃社会であることをやめようとしない。アメリカの最高法規である合衆国憲法には、武器の所有について次のような規定がある。

規律ある民兵は、自由な国家の安全にとって必要であるから、人民が武器を保有し、また携帯する権利はこれを侵してはならない（合衆国憲法修正第2条、傍点筆者）[14]

この規定については、「民兵」や「武器」の解釈を含めて論争が続いたけれど、最高裁で争点となったひとつの議論は、前半部分と後半部分のどちらを強調するか、というものだ。前半部分を強調すれば、「武器を保有し携帯する権利」とは、民兵および州兵制度に属する一員としての集団的な権利である、となり、後半部分を強調すれば、修正第一条の表現の自由などと同様に、人民（the people）の権利であるという主張となる。前者が「集団的権利説」、後者が「個人的権利説」と言われる。

２００８年、アメリカ最高裁は「個人的権利説」を採用し、ワシントンＤＣの拳銃規制

14　ちなみに、世界を見渡してみて、銃の所有を国民の固有の権利であると考える国は非常に珍しいと言える。アメリカ以外では、メキシコとグアテマラの二か国のみだ。

が憲法修正第二条に違反するとした違憲判決を下した。

アメリカという国では、自分の身は自分で守る、そして、そのために銃を所有する権利は市民権の欠かせない一部だという社会通念が、建国以来根強く存在してきた。もちろん、都市部と地方とでは銃規制に対する考え方はずいぶんと違っている。けれど、これだけ銃がらみの事件が頻発していてもなおアメリカが銃社会をやめようとしない背景には、アメリカ最大のロビー団体と言われる「全米ライフル協会（NRA）」の強固な反対とその政治的働きかけがあると指摘されてきたものの、やはり憲法の規定をめぐる議論に見られる自衛権重視の価値観も存在しているようだ。

それは、銃規制が徹底している日本の価値観とは大いに異なるものだ。日本では、社会から銃を一掃し、警察だけが銃を所持することで、安全を確保しようとする。両国では、銃という「力」に見出す「価値」に大きな違いがあり、そのことが国内秩序の違いも生んでいるのだ。

そこで、皆に問いたい。**アメリカではなぜ「武器所有の権利」が認められてきたのだろうか。**

霞が関：アメリカ人が銃所有の権利を主張する背景には、本来なら自分たちを守ってくれるはずの警察に対する不信感があるのではないでしょうか。

私も青山さんと同じく、アメリカに留学していたことがありますが、そのとき一番強く感じたことは、**市民と警官の距離が遠い**ということです。たとえば、白人警官による黒人射殺はいまでも珍しくありません。この不信感が、日本と違って「自分の身は自分で守る」という考え方につながっているのだと考えます。

小原：なるほど。第1回のゼミで議論したとおり、国民が「自己保存」のために暴力を行使する権利（すなわち自然権）を国家に委ねることで、リヴァイアサンである国家だけが暴力の行使を認められ、対内的には警察が、対外的には軍隊が、それぞれ国民の安全を守るというのが近代主権国家のあり方だった。ところが霞が関さんの意見に従うなら、アメリカでは警察による力の行使に頼ることができず、そのため市民は銃の所持を選択し、結果、さまざまな事件が引き起こされて市民の安全という社会秩序が失われることになると言える。

しかし、それにしてもなぜアメリカの警察は、きちんとその責務を果たすことができないのだろうか。

厚木：僕は、物理的な距離の問題も大きいと思います。

小原：それは、日本とは違って、ということ？

厚木：そうですね。日本ではそこかしこに交番があって、必要になればすぐ近くの交番に駆け込むことができます。けれど、アメリカは何しろ広大な大陸国家なので、ひとつの警察署が管轄する地域はとてつもなく広い。したがって交番制度もなく、**地域によっては、事件が起きて警察に通報しても、警察官が到着するまでにかなり時間がかかってしまう場合もある**と聞きます。そうなれば、警察に頼るのではなく、自分たちの安全は自分たちで守ろうと考えるのが自然ではないでしょうか。

小原：確かに、僕もアメリカに計6年以上住んだことがあるけれど、車で移動すると、隣の家まで何キロも離れているような大穀倉地帯に出くわすことがあったな。日本ではちょっと考えられない広大さで、これじゃ、いざというときに隣家に助けを求めることもできず、警察だってすぐには駆け付けられないなと感じたことはよく憶えているよ。

僕からもひとつ、付け加えておきたい。それは、**アメリカの建国に見て取れる歴史的な背景**だ。アメリカという国は、ヨーロッパでの宗教的な迫害を逃れて新大陸にやってきた人々が、銃を手にインディアンと闘いながら西へ西へと開拓地を広げていったことで形成された国だよね。そうした人たちからすれば、**「開拓者魂」とでもいうべきDNAを体現する銃へのこだわりには特別な歴史的・精神的意味合いがある**と考えられるんだ。

そして、アメリカ独立のために戦った建国者たちは、啓蒙思想に溢れた人たちだった。もしも国家が権力を濫用した場合、権力に抵抗し自由を守るための武器を所有するのは当然だというのが、建国以来アメリカ社会で受け継がれてきた価値なのだろう。

厚木：ロックの言う「抵抗権」の思想ですね。

小原：そのとおり。しかし、そうした事情をすべて考慮したとしても、ホッブズの言う

「自然権」を国家に委ねないで、市民が武装するというアメリカ社会の秩序は、時代遅れでおかしいのではと僕は思っている。

なぜスイスでは銃乱射事件が起きないのか？

小原：そこで、次の表を見てほしい。

小原：これは、銃所有率の高い国のリストだ。アメリカはもちろん1位だが、ここで注目したいのはスイスだ。スイスもアメリカと同様に銃社会と言われ、このデータが示すとおり多くの民間人が家庭で銃を所有している。

しかし、スイスで銃が使われて死者が出たという事件は、皆、ほとんど聞かないよね？特に、アメリカで頻発するような銃乱射事件[15]について言えば、２００1年に1回起きたきり、その後は起こっていない。

なぜ、同じ銃社会でこれほどの違いが生まれるのだろう。

図 3-2　銃所有率ランキング

民間における銃所有率が高い国トップ10

順位	国名	100人あたり銃所有率
1	アメリカ	120.5
2	イエメン	52.8
3	セルビア	39.1
4	カナダ	34.7
5	レバノン	31.9
6	オーストリア	30.0
7	スイス	27.6
8	スウェーデン	23.1
9	パキスタン	22.3
10	ポルトガル	21.3

出典：ProCon.org（2018）

図3-3　クナーベンシーセン

射撃大会の参加者を募る広告。「ZÜRCHER KNABEN-SCHIESSEN（チューリッヒの少年射撃）」という見出しの下には、「EHREN-MELDUNG（入選）」した参加者を称えるプラカードがある。

青山：スイス人の留学生から聞いたのは、小さい頃から銃の使い方を教わる機会があるということです。銃にはどんな威力があって、どんなときに使うべきものなのか。よく、日本の小学校で横断歩道の渡り方を教わりますが、それと同じで、幼少期からルールとして叩き込まれていれば、大人になってからも悪用しなくなるのだと思います。

小原：教育の役割についての指摘だね。実際スイスでは、1600年代から現在に至るまで、「クナーベンシーセン（少年による射撃）」という大会が毎年開催されている。この絵はその広告だ。

青山：というと、少女は参加できないんですか？

小原：初めは少年だけだったんだけど、その後は少女も参加できるようになったみたいだ

15　「銃乱射」とは、「1か所または近接する2か所以上の場所におけるひとつの事件で、銃器によって4人またはそれ以上の犠牲者が殺害されることで、死亡した加害者も含む」（2015年のアメリカ議会調査局の定義）

ね。軍用ライフルで射撃の腕を競い合い、優勝者は「射撃の王様」、あるいは「射撃の女王」と呼ばれるんだとか。

つまり、スイスでは子どもの頃から銃に親しむ文化があるということだね。

それにしてもなぜ、スイスにはこうした文化が根づいているのだろう。

皆も知っているように、スイスは永世中立国だ。つまり、スイスはどんな国とも戦争しないし、またどんな国同士の戦争にも首を突っ込まないということを、国際社会に対して宣言している。

したがって、他国と同盟を組んだりNATOの一員として集団的自衛権を行使したりすることもできないから、他国に侵略された場合には、基本的には自力でそれを阻止するしかないということになる。

それゆえ、スイス人には「祖国を守る」という意識がほかの国に比べて一段と強く備わっていると言われている。**当然、祖国を守るためには武器が必要であり、彼らにとって銃の所有は「国民としての義務」を果たすためということになる。**イギリスのBBCはかつて、「アメリカ人は自分の護身のために銃を持つが、スイス人は国を守ろうという意識が強いから銃を持つ」と報じたことがある。これは、両国の銃に対する価値観、そしてそれによって生まれる社会秩序の違いを的確に表現した言葉だと僕は思う。[16]

「世界平和のための軍事力」は可能か

小原：アメリカの国民は「自分のため」に銃を所持し、結果、銃による事件が多発して秩序が失われているのに対し、スイスでは人々が「国のため」に銃を所持しているから、めったに事件は起こらず、社会の安全という秩序が保たれている。

このふたつの国の比較からわかるのは、**同じ銃という「力」を持ちながら、その「力」によってどんな「秩序」を実現するのかという「価値」観の違いが存在している**ということだ。自分の安全か、国家の安全か。その背後には、国家と個人との関係、社会に対する認識などがある。

16 なお、スイスの銃規制法はアメリカより厳しくて、販売のための免許の取得や、所有可能な銃の種類については、アメリカよりはるかに厳格な条件が付けられている。銃の携行許可を取ることも難しい。また、民間で所有される銃の数は近年大きく減少してきた。そうした事情も銃犯罪の少なさにつながっていると考えられる。

これを国際社会に置き換えてみるとどうだろうか。

国家が有する軍事力は本来、「国家の安全を守るため」であって、国際社会の安全を守るためではないというのが基本的な考え方だ。つまり、「自衛権」というアメリカの銃に対する考え方と同じということになる。

リアリストだったら、きっとこんなふうに主張するだろう。

「国際社会は弱肉強食のジャングルだ。戸締りをしっかりしないと泥棒や強盗に入られる。防衛力は必要で、攻撃されたときに自国を守る自衛権は国家固有の権利として認められているのだ」

厚木：日本国憲法第９条も、自衛権は否定していないというのが日本政府の立場です。

小原：でも、銃は自分を守るためではなく、自らの属するコミュニティ（国家）を守るためであるというスイス的「価値」観に立って考えたら、軍事力は「国際社会の平和と安全のためのもの」ということになるよね。みんなの平和、すなわち「世界平和」を守るという目的を誰もが共有して、そのために軍事力を持つ、あるいは軍事力を使うという状態になれば、国際社会の秩序はずいぶんと違ったものになるんじゃないかな。

霞が関：残念ながら、スイスのアナロジーは国際社会には当てはまらないし、将来そうなるという期待もできないと思います。スイス人が国家に対して抱いているような忠誠心を、利害がてんでバラバラの国家が国際社会に対して抱くことはできないだろうからです。

万が一の可能性があるとすれば、前回のゼミで指摘したように、すべての国家の存続を揺るがすような地球規模の重大な脅威が迫っているような場合だけでしょう。けれど、そんな明確で巨大な「共通の敵」はいまだ現れていないですよね。

したがって、すべての国家が世界平和のために軍事力を持ち、それを提供するということは、現時点では考えにくいと思います。

小原：ここでもやはり、地球上のすべての国家が認識を同じくする「共通の脅威」がなければならないという問題に突き当たるようだね。

ただ、国際社会のための軍隊がまったく考えられなかったわけではないし、それに近い軍隊も現実に存在してきた。ひとつは、**国連の集団安全保障**だ。国連加盟国が「国際の平和及び安全の維持に必要な兵力」を安保理に利用させることを約束する（国連憲章第43条）という規定がそうした軍隊を意図したことを物語っている。

ただ残念ながら、そのための協定が結ばれていないから、国連の集団安全保障は機能してこなかったけれど、それを補う形での「**平和維持活動（ＰＫＯ）**」は、世界各地で実績を積み上げてきた。「ブルーヘルメット」と呼ばれる平和維持軍は、国際社会の平和のための軍隊だと言っていいだろう。日本も自衛隊を世界各地に派遣してＰＫＯ活動に積極的に参加してきた。これは、自国の軍隊を自衛のためではなく、国際社会の平和のために使っていると言えるのではないかな。

青山：そうした努力は大切だと私も思います。１９９２年に、国連事務総長だったブトロス・ガリが発表した「平和への課題」は本当に素晴らしかったです。その後も、国連を中心にして、紛争の各段階で加盟国がいかに軍事的協力をするかが議論されてきていますね。

小原：その通り。そのあたりは、次回のゼミで議論しよう。

加えて言うなら、自衛権の一種としての「集団的自衛権」についても議論が必要だね。これは、自国への直接の攻撃ではないけれど、同盟国や友好国への攻撃に対して自国の軍事力を用いて反撃する権利だ。

この権利のもと、**ある特定の「価値」を共有する諸国家が「共通の脅威」に対して軍事的に協力するということは可能**だと言える。

現に、冷戦中の西側陣営は「自由」や「民主主義」という価値を共有して、そうした価値に対する「共通の脅威」であったソ連を中心とする東側陣営と軍事的に対峙していた。現在も存在するＮＡＴＯという多国間同盟機構がそれにあたる。

また、北朝鮮の開発する核兵器とミサイルが国際社会の脅威となっているけれど、アメリカは同盟諸国に核の傘を提供し、韓国や日本に自国の軍隊を駐留させている。こうした事例も考えていかなくてはいけない。

そこで、次回のゼミでは、「国際平和のための軍事力」というテーマを掘り下げ、そこに潜在するさまざまな問題について考えていくことにしよう。

第**3**回 まとめ

社会にとって銃は悪か

なぜアメリカから銃がなくならないのか？

◎銃を持つことにより自分の身を守るというのがアメリカの秩序。

◎そこには、警察がカバーしきれない広大な国土という物理的背景と、建国以来の開拓者としての精神的背景がある。

なぜスイスでは銃乱射事件が起きないのか？

◎スイスで、銃は「祖国を守る」ものという意識が社会の秩序となって根付いている。

◎その背景には、永世中立という国のあり方や幼少期からの教育がある。

銃や軍事力は何のためにあるか？

◎銃や軍事力は自衛のためか、社会のためかで国際秩序も変わる。

◎軍事力を国際社会の平和と安全のために使うことも可能。

第4回

平和のための軍事力はどうあるべきか

What To Think

考えること

「集団安全保障」はなぜ機能しないのか？

自衛のための軍事力はどうあるべきか？

脅威を構成する「能力」と「意思」、どちらが問題か？

小原：平和で安全な秩序を築いて維持するために、「力」はどうあるべきか。前回は、銃に対する価値観の違いを取り上げて、「国際平和のための軍事力」というテーマにまでたどり着くことができた。今回のゼミでは、その核心に迫っていきたい。

「集団安全保障」はなぜ機能しないのか？

小原：「集団安全保障」をごく簡単に定義するなら、次のようになる。

「ある枠組みに参加するすべての国家が、互いに武力行使をしないことを約束し、その約束に反して平和を破壊しようとする国が現れた場合には、他のすべての国が協力してその破壊を防止、または抑圧するシステム[17]」。

これ、よく「集団防衛」や「集団的自衛権」と混同されることがあるけれど、外的脅威に対して関係諸国が一致結束して戦う集団的自衛権とは異なって、内部のルール破りや反乱者に対してその他すべての諸国が一致結束して戦うことで平和を維持するのが「集団安全保障」というシステムなんだ。

この考え方は、第一次世界大戦後に作られた国際連盟の憲章に採用されたほか、第二次

図4-1　集団的自衛権と集団安全保障

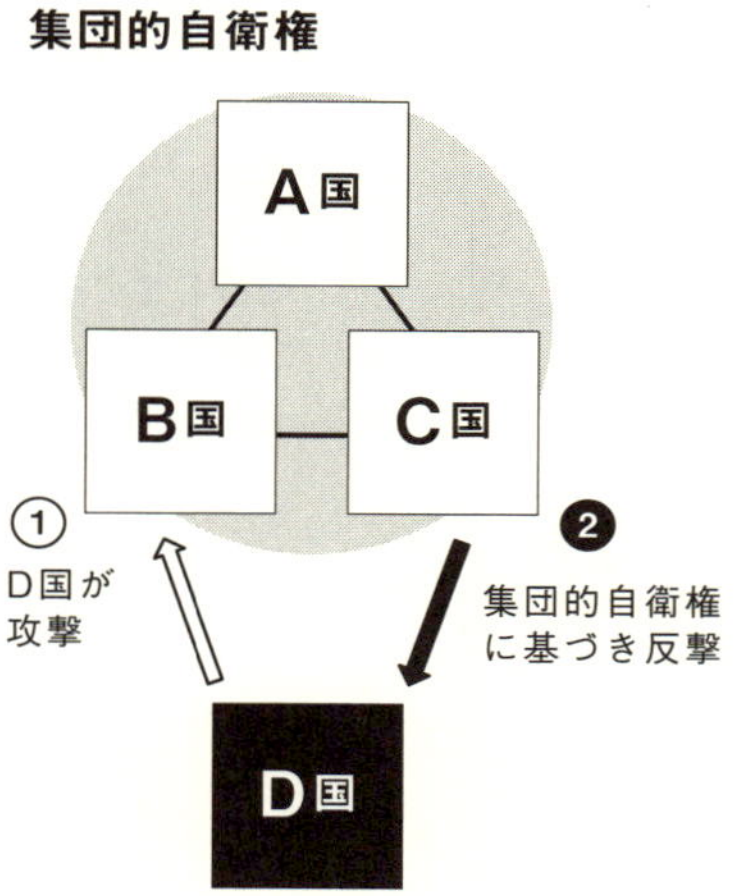

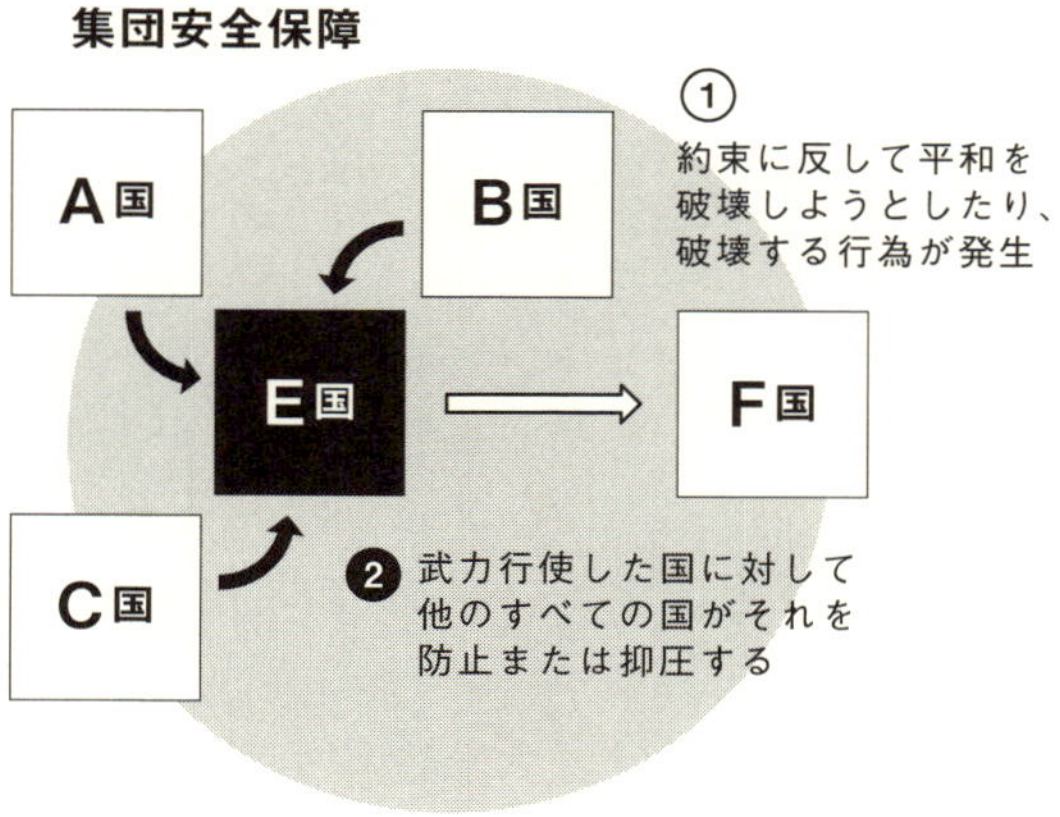

世界大戦後にできた国際連合の憲章にも盛り込まれた。

しかし、**これまで集団安全保障が機能してきたかと言うと、その答えは「ノー」だ。**

国連憲章では、経済制裁のみならず、軍事的措置を伴う強制行動を取ることが規定された。そのための条件として、第43条は「兵力利用のための加盟国との特別協定が必要」と定め、第47条は「安保理常任理事国の参謀総長からなる軍事参謀委員会を創設する必要がある」と定めた。しかし、これまでそうした協定や委員会が作られたことはない。

また第39条では、安保理が強制行動を発動するためには、「平和に対する脅威や平和の破壊の存在を認定する必要がある」と定めている。

しかし、その「認定」をめぐって大国間で共通の認識を持つことは非常に難しく、東西冷戦のなかで、これらの規定に基づく集団安全保障の措置が取られたことはなかった。[18] 冷戦後も、集団安全保障は一度として機能したことがない。

その最大の理由のひとつが、安保理常任理事国（P5とも言われる）である米ロ英仏中の5か国、特に、アメリカと中国・ロシアの利害の衝突だ。ここでも、リヴァイアサン以上の権力主体が存在しない国際社会の現実が大きくのしかかっている。

青山：国際連盟にはコンセンサス、国際連合には拒否権という高いハードルがあって、いずれかの大国が関わる国際問題に対してP5が一致した行動を取るのは容易ではありません。集団安全保障の枠組みが機能しないのも仕方ないかなという気はします。

厚木：僕もそう思います。幻の集団安全保障ですね。やはり、国際機関に世界平和の役割は果たせないということですか？

小原：いや、そう決めつけるのはどうだろう。国連は集団安全保障に代わる平和のための国際行動に取り組んできたよね。

17 前提として、国家が力を合わせれば超大国の横暴も抑えられるという想定がある。したがって、超大国が圧倒的な力を持つ場合にはこのシステムは機能しない。

18 1950年の北朝鮮による韓国侵攻も、たまたまソ連が安保理をボイコットしていたため、アメリカ主導で決議が採択されたが、そのときの「国連軍」は憲章39条の「勧告」に基づく強制措置であり、具体的自衛権の発動を安保理が認めたものと解される。

青山：前回のゼミで議論したＰＫＯですね。

小原：そう、国連平和維持活動だ。その活動の実行部隊となるのは、国連の平和維持軍（ＰＫＦ）。停戦監視や兵力の引き離し、武装解除などを主に担当するため、「戦わない軍隊」などと言われた。あるいは、国連憲章の第6章で定められた「紛争の平和的解決」と、第7章で定められた「軍事的措置」の中間的な性格を持つことから、「第6章半の活動」などとも言われてきた。

日本は、国連加盟国のなかでもＰＫＯに積極的に参加してきた国のひとつ。１９９３年のカンボジアからスタートして、中東のゴラン高原、東ティモール、南スーダンに自衛隊を派遣してきた。

こうした自衛隊の活動は、自国を守るためというよりむしろ、国際社会の平和と安全を守るために行われているから、「国際平和のための軍事力」だと言える。

これに関連してもうひとつ挙げておきたいのは、特定の国家や国連による「常備軍」の存在だ。北欧諸国やカナダのように国際貢献についての議論が進んでいる国々では、自発的に「待機軍」や「即応旅団（有事にすぐ反応できる陸軍部隊のこと）」を立ち上げるなどして、「国際平和のための軍事力」に力を入れてきた。[19]

こうした**常備軍や待機軍は、個人が国家の一員（国家公務員）としてではなく、国際機関の一員（つまり「国際公務員」）の身分で参加して作られているところがＰＫＯとは異なる。**国連加盟国が安保理での決議に応じて主権を発動する形で軍隊を派遣する場合とは違って、国連の指揮のもとで、より統一された形での機動的な活動が可能となるんだ。

これらは国連に加盟する主権国家が協力して行う活動ではなく、国連自らが作り上げた自前の軍隊による活動だから、方向性としては世界連邦に近づく動きだとも言える。

自衛のための「必要最小限の軍事力」とは？

小原：ここまで、「国際平和のための軍事力」、つまり自衛のための軍事力ではなく、国際

19　こうした議論を進めていった先には「国連常備軍構想」がある。ブトロス・ガリ国連事務総長は１９９２年に「平和への課題」を発表して、「平和執行部隊」を提唱した。しかしこれは、ソマリアで失敗するなどしてうまくいかなかった。

社会の平和と安全のための軍事力について考えてきたけれど、ここからはまったく違ったアプローチで軍事力を考えてみよう。

その例として、前回のゼミでも取り上げた銃の問題についてもう一度考えてみたい。

アメリカでは、悲惨な銃乱射事件が起きるたびに銃規制への気運が高まるけれど、いつもほとんど何も変わらないまま過ぎてしまう。そしてまた同じような事件が起きる。

そこで議論となるのが、**たとえ銃をすべて撤廃することはできないとしても、殺傷能力が高い銃だけでも規制できないかということである。そうした規制が進めば、社会はより安全になる**はずではないだろうか。

この写真を見てほしい。アメリカのガンショップで、バーゲン価格で売られているこれらの自動小銃は、実戦レベルの殺傷能力をもつ「AR-15」だ。値段は500ドルから600ドル、つまり、戦争で使うような銃が5万円から6万円で買えてしまうということが、この写真からわかる。

小原：このAR-15という銃は、アメリカの銃乱射事件でしばしば使われたことで知られ

図4-2　AR-15

アメリカのガンショップで売られている「AR-15」（写真：ロイター／アフロ）

ている。2017年にラスベガスで起きた史上最悪の銃乱射事件でも使われた。この事件では58人が殺され、500人以上が負傷したと言われている。これはもう虐殺とも言えるほどの事件だよね。その背景に、AR-15のような凶器が街のガンショップで普通に買えてしまうというアメリカ社会の現実があるんだ。

もし、AR-15のような殺傷能力の高い銃の販売や所持が禁止されれば、アメリカでこれほどの銃乱射事件が起きることはなくなるんじゃないだろうか。

こうした殺傷能力の問題を、国際政治に置き換えて考えるとどうだろう。つまり、**各国が必要以上の軍事力をもたなければ、仮に紛争が起こったとしても、その被害を最小限に抑えることができる**という理屈だ。

では、この「必要最小限の軍事力」をどう考えるか。そこで登場するのが、日本国憲法だ。

厚木：自衛権の議論ですね。

小原：そのとおり。日本国憲法第9条では「戦力の不保持」をうたっているけれど、日本政府は自衛のための「最低限の軍事力」を持つことはできるとして、自衛隊は合憲であるとする立場を表明している。

そこで問題になるのが、どこまでの軍事力が「最低限」なのかということ。

厚木：個人レベルで考えれば、素手で殴ってくる相手に対して銃を発砲するのは、明らかに「最低限」とは言えないですよね。つまり、想定される侵害者の軍事力によって、自衛のための「最低限の軍事力」は変わるということなので、一元的には決められないと思います。

小原：いま厚木くんが挙げてくれたような例は、いわゆる「専守防衛」というものだね。相手国から武力攻撃を受けた場合に限って、防衛のための武力行使ができるとする、日本の防衛戦略の基本的な考え方だ。

たとえば平成11年の国防白書では、次のような説明がなされている。

相手から武力攻撃を受けたときにはじめて防衛力を行使し、その態様も自衛のための

必要最小限にとどめ、また、保持する防衛力も自衛のための最小限のものに限るなど、憲法の精神にのっとった受動的な防衛戦略の姿勢をいう。

憲法9条には「武力による威嚇又は武力の行使は、国際紛争を解決する手段としては、永久にこれを放棄する」とあるから、この「自衛のための最小限」にも厳格な要件が課せられてきた。

政府は、次の3つの要件[20]を明示してきた。

・第一に、自国に対する急迫不正の侵害があること
・第二に、ほかにこれを排除して国を防衛する手段がないこと
・第三に、必要な限度にとどめること

つまり、保持する防衛力が「自衛のための最小限」であるばかりではなく、その行使においても「自衛のための最小限」であることを規定しているんだ。

では、あらためて考えてみよう。**防衛力やその行使が「自衛のための最小限」であると**

は、いったいどのように定義できるだろうか。

霞が関：政府解釈の３つの要件に従えば、「侵害を排除して国を防衛する」ために「必要な限度」というわけだから、やはり「侵害」の程度によるのではないでしょうか。

厚木くんの意見と同じですが、想定される侵害者の軍事力が大きければ、それを排除するために必要な「最小限」の防衛力も必然的に高くなるということです。もし相手が核兵器を保有していると考えるなら、こちらも核兵器が必要だということになる。日本は「非核三原則」を堅持してきているから、核を保有することなくアメリカの核の傘の下に入って安全を確保してきたわけですが。

20 この3要件は、安倍政権のもとで国際法上の集団的自衛権の条件付き一部容認がなされた結果、第一の要件を修正した新3要件に変更された。つまり、「わが国に対する武力攻撃が発生した場合のみならず、わが国と密接な関係にある他国に対する武力攻撃が発生し、これによりわが国の存立が脅かされ、国民の生命、自由および幸福追求の権利が根底から覆される明白な危険がある場合において、これを排除し、わが国の存立を全うし、国民を守るために他に適当な手段がないときに、必要最小限度の実力を行使することは、従来の政府見解の基本的な論理に基づく自衛のための措置として、憲法上許容される」というものだ。

小原：霞が関さんの議論は、いわゆる「相当性」ないし「均衡性」の議論だね。

軍事力の源となる兵器が近代化するにつれて、自然と軍事力も強化される。したがって、**仮想敵国や対立する国が攻撃力の高い兵器を導入すれば、自衛の観点から防衛力を増強しなければならなくなる。**

日本の自衛隊はその顕著な例だ。憲法９条で戦力不保持を宣言しているけれど、日本の軍事力は世界でも有数のものとなっている。これは、周辺諸国の軍事力増強に合わせる形で自衛隊の兵器装備能力を向上させてきた結果なんだ。その背景には、自衛権のもとで保有できる防衛力は可変的だ、という考えがある。

それは「防御」のためか、「攻撃」のためか？

青山：しかしそうなると、自衛のために必要な軍事力とは何かが主観的判断に委ねられることになって、軍事力や防衛予算が青天井になってしまう危険性もありますよね？
小原：もっともな指摘だね。軍事力の相当性を理由に、国際条約で制限されている核兵器を開発する国家だって出てきているのだから。「自衛のため」と称する戦争もずいぶん行われてきた。「自衛」という言葉の持つ曖昧性や危険性には注意が必要なんだ。

自衛のための最小限の軍事力について、日本政府は次のような見解を公表している。

> その具体的な限度は、その時々の国際情勢、軍事技術の水準その他の諸条件により変わり得る相対的な面があり、毎年度の予算などの審議を通じて国民の代表者である国会において判断される。〔中略〕しかし、個々の兵器のうちでも、性能上専ら相手国国土の壊滅的な破壊のためにのみ用いられる、いわゆる攻撃的兵器を保有することは、直ちに自衛のための必要最小限度の範囲を超えることとなるため、いかなる場合にも許されない（「わが国が憲法上保持できる自衛力」防衛省ウェブサイトより、傍点筆者）

つまり、**防御のための兵器かどうかが、「必要最小限の軍事力」を判断するひとつの基準になる**、ということだ。「自衛」とはあくまで攻撃ではなくて防御であって、「攻撃されたときに自分を守る」という意味での防御が自衛だとすれば、自衛権の範囲内で保有できるのは、あくまで「防御的な兵器」であるはず。それ以上の兵器は「攻撃的な兵器」に該当するから、保有する必要はないということになる。[21]

ただ、「攻撃的」か「防御的」かの境界線は必ずしも明確ではない。たとえば、「攻撃的な兵器」に該当する兵器といって、何が皆の頭に浮かぶだろう。

厚木：僕はミサイルですね。北朝鮮が大陸間弾道ミサイル（ＩＣＢＭ）を開発して、「ニューヨークを火の海にする」と威嚇したことがありましたが、あれなどは明らかに「攻撃的」です。専守防衛の日本がＩＣＢＭを持てば、それは間違いなく自衛のための必要最小限の軍事力を超えると思います。

小原：確かに、ＩＣＢＭは核兵器の運搬手段にもなるし、そもそも相手国の国土を攻撃し破壊することを目的として開発された兵器だ。明らかに攻撃的兵器であって、日本の専守防衛政策とは相容れないだろうね。

ほかには、長距離戦略爆撃機や攻撃型航空母艦も挙げられるかな。

ただ、「攻撃的」か「防御的」かという議論は、実はとても難しいものなんだ。なぜなら、**攻撃か防御かという議論には、やはり主観がつきまとう**からだ。

たとえば、日本政府はいま、ヘリコプター搭載護衛艦「いずも」を改修して、最新鋭ステルス戦闘機Ｆ35Ｂが離着艦できるように動いている。このことについて、日本の防衛大臣は「常時戦闘機を運用するのではなく、多用途な護衛艦として使っていく」（傍点筆者）、「他国に脅威や不安を与えるものにはならない」と説明して、攻撃的と受け止められないよう慎重に発言している。しかしそれでも、中国外交部報道官からは「日本は専守防衛政策を堅守すべきだ」との発言がなされた。

「攻撃的」か「防御的」かの解釈は、軍備の主体（保有国）と客体（攻撃の対象となり得る国家）との間で違ってくることが珍しくないんだ。

21　この、防御的な兵器か攻撃的な兵器かという議論は、歴史的にはワシントン会議（1921〜22年）に代表される軍縮努力や不戦条約（1928年）に見られる戦争違法化の流れのなかで出てきたものだ。1930年のロンドン会議では、潜水艦が攻撃的か防御的かをめぐって激しい議論がなされた。

「能力」と「意思」のどちらが問題か？

小原：こうした認識の違いから生まれる問題のひとつに、「**安全保障のジレンマ**」がある。ある国が自国の防衛のために軍事力を強化すると、その周辺国はこれを脅威ととらえ、軍事力増強をはかる。その結果、実際には双方とも軍事的衝突を望んでいないにもかかわらず、衝突に繋がるほどの緊張を生み出してしまう。これが「安全保障のジレンマ」だ。

なぜ、こんなことが起きてしまうのだろう。

霞が関：相互の不信があると思います。ある国が防御のために軍事力を強化したとして、それを他国が言葉通りに受け止めれば、その国は自国の軍事力を増強しようとは思わないはず。そうならないのは、「防御のため」という言葉が信じられないからです。

小原：「安全保障のジレンマ」が起きる要因として、ある国の力の増大に対する不信、つまり「恐怖」や「不安」が影響していると考えられるのは確かにそうだ。古代ギリシャの歴史家トゥキディデスは、著書『戦史』において、ペロポネソス戦争の根本原因がアテナ

図4-3　安全保障のジレンマ

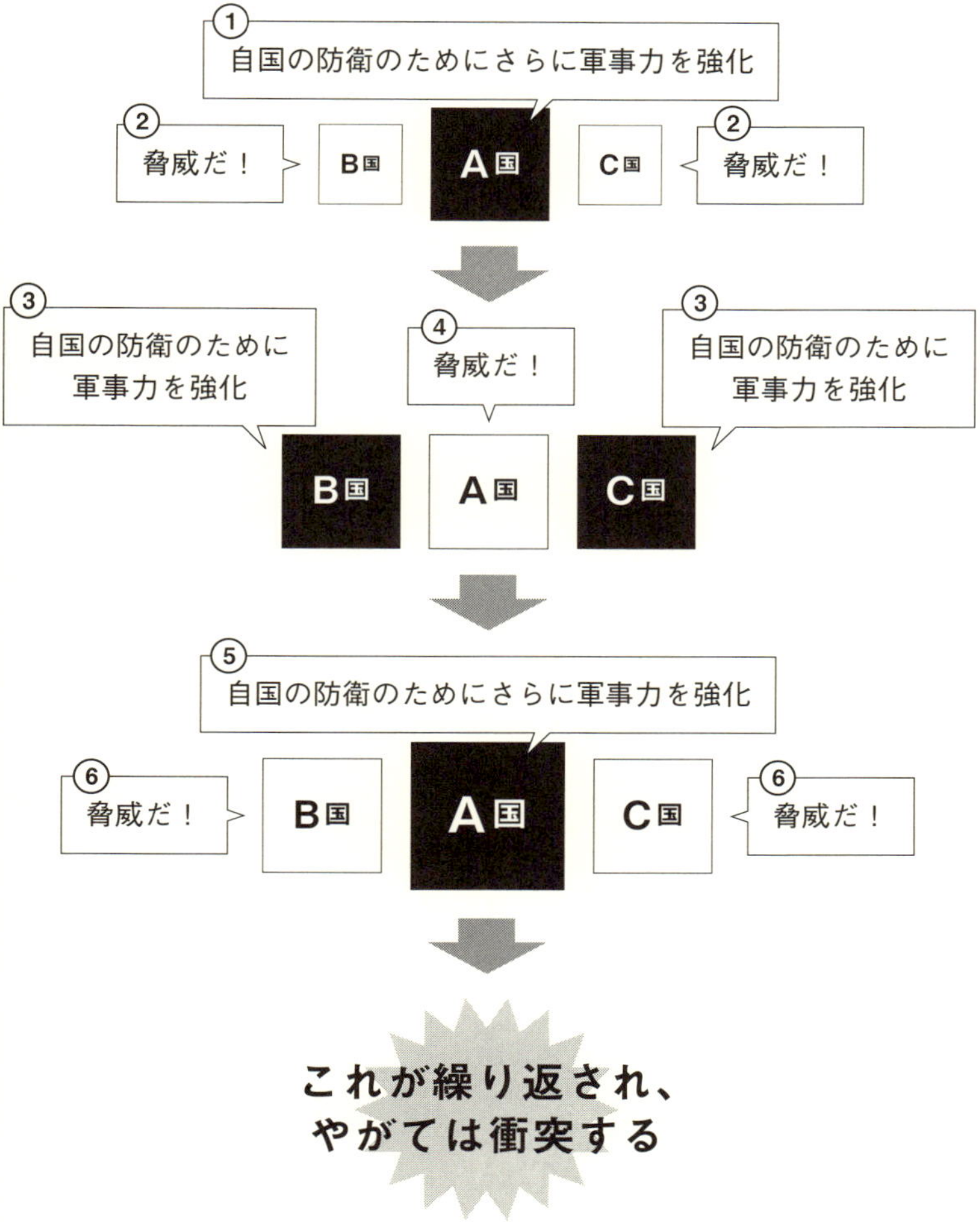

イのパワーの増大とスパルタの恐れにあると考えた。「安全保障のジレンマ」は、古代から続く定理と言える。

そこで議論になってくるのは、「脅威認識」、つまりは何をもって「脅威」とみなすかということ。皆は「脅威」をどう定義するだろう？

青山：相手の安全を脅かす「能力」があり、なおかつその「意思」があることです。

たとえば、子どもがおもちゃの剣を持っていても怖いとは思わないけれど、それが包丁だったらちょっと怖いかも。大人が持てばもう恐怖ですね。それが能力の問題です。

そして、包丁を持っているのが大人でも、それが自分の家族だったり、親しい友人だったりすれば、脅威を感じることはまずないでしょう。でも、全然知らない人が持っていたら、身構えたり、逃げたりすると思う。つまり、**自分を攻撃する「能力」は持っていても、「意思」を持っていなければ、それは「脅威」にはならない**ということです。

小原：とてもわかりやすい喩えをありがとう。国家レベルに置き換えて言うなら、アメリカは圧倒的な軍事大国だけれど、日本人は「アメリカから攻撃される」とはあまり思っていないよね。そこには、日本とは同盟関係にあるというアメリカの「意思」が存在していて、日本人はその意思が堅固なものであると感じているから脅威を感じないというわけだ。

これに比べて、北朝鮮は意思でも能力でも国際社会の脅威となってきた。韓国との軍事境界線沿いには長距離砲やロケット砲を多数配備して、「ソウルを火の海にするぞ」などという威嚇もしたわけで、これは韓国にとっては意思と能力の双方において明確な「脅威」だ。そして、2017年には長距離弾道ミサイル（ICBM）発射に成功したことを受け、「ニューヨークを火の海にするぞ」という挑発的言辞が単なるハッタリ（bluff）ではなく、「能力」を伴う「意思」として受け止めざるを得なくなったと言えよう。

とはいえ、こうしたケースは比較的まれで、脅威と「意思」の関係は基本的にはわかりにくいものだ。日本は戦後平和憲法のもとで「平和国家」として歩んできたけれど、そうした「意思」が国際社会に浸透するまでにはとても長い時間がかかった。

能力と意思の問題ではもうひとつ、「平和発展」を口にする中国の「意思」はどう考えればいいだろう。

厚木：僕は信用できないと考えます。中国の国防予算は長らく二桁成長が続いていて、兵器のハイテク化も急速に進んでいます。「平和発展」を唱えてはいるけれど、こうした「能力」の急激な向上が周辺国の脅威認識につながっていることは否定できません。

小原：「能力」重視だね。面白いことに、2019年3月の全人代の記者会見で報道官がこう発言している。

ある国が他国にとって脅威になるか否かにおいて非常に重要なのは、その国の外交・国際政策を見ることであり、国防費がどれだけ増加したかではない。中国は一貫して平和的発展の道を歩み、防御的国防政策を実行している。（拙訳、傍点筆者）

しかし、国際政治が「権力政治」と言われるように、力の要素を軽視することは現実的ではないよね。むしろ「意思」以上に、「能力」の変化を注意深く観察しなければならないと言える。

その観点からもう一度北朝鮮を眺めてみると、脅威認識につながるような能力の向上が顕著だ。特にアメリカにとってはこの事態は看過できない。アメリカはこれまで、「拡大核抑止」、つまり自国に限らず同盟国が攻撃を受けた場合にも反撃する、として同盟国への攻撃を思いとどまらせる政策を取ってきた。しかし、北朝鮮がアメリカ本土に届くICBMの開発に成功したとなると、アメリカでは自国の安全を最優先すべきではないかとの議論も出ているんだ。

つまりこれは、同盟国への報復攻撃を招く可能性のあるアメリカによる先制攻撃を想定する議論であると同時に、同盟国では北朝鮮から攻撃されてもアメリカは報復しないのではないか（それは拡大核抑止への信頼を損なう）という「デカップリング」の懸念にもつながる。

しかし、2018年になると事態は一変。北朝鮮の金正恩委員長は核・ミサイル実験を停止し、アメリカに対して対話を呼びかけた。そして史上初の米朝首脳会談が実現し、朝鮮半島情勢は緊張から対話の局面へと劇的な転換を見せた。

この急激な変化は、いったい何を意味しているだろう？

霞が関：能力は外から見えるもので、明らかだけれど、意思は心のなかにあるもので、本当のところはよくわからない、ということではないでしょうか。トランプ大統領は、金正恩に騙されているかもしれません。北朝鮮の非核化に向けた行動だけを注視すべきだと思います。

小原：実際、紛争を交渉で平和的に解決するためには、双方の意思の合意が不可欠だ。同時に、その履行なしには最終的解決にはつながらない。米朝間では、1994年の枠組み合意以来、合意はできても履行されないという失敗を繰り返してきた。霞が関さんの主張はもっともだね。

「意思」は主観的であり、一夜で変わるし、嘘もつける。ところが、「能力」は客観的であり、変化を含め正確に把握することが可能である。そういう意味で、「安全保障のジレンマ」においては、相手国の「意思」にかかわらず、相手国の「能力」の変化にとりわけ目が向けられるというわけだ。

「安全保障のジレンマ」を回避し、平和で安全な国際秩序を築き上げるためには、信頼と検証が欠かせない。各国が信頼醸成や対話を通じて相互の「意思」を確認し合うとともに、その意思を具体的行動に移していく努力、たとえば軍縮努力を通じて「能力」を制限したり、平和維持活動を通じて「能力」を国際社会のために使ったりすることが大切になる。そして、そうした意思と能力を随時確認しあう「検証」が伴えば、相互信頼という正の相互循環が生まれるんだ。

しかし、この自国優先の流れのなかでこうした国際協調ははたして可能なのか。次回のゼミでは、「能力」をいかに抑制できるかについて、国際協調の観点から考えていくことにしよう。

第4回 まとめ

平和のための軍事力はどうあるべきか

「集団安全保障」はなぜ機能しないのか？

◎国連の集団安全保障は大国の利害の対立によって機能していない。
◎それを補う形で生まれたのが、平和維持活動（PKO）。

自衛のための軍事力はどうあるべきか？

◎日本政府の立場は「自衛のための最小限」。
◎「自衛権」とは、「防御的兵器」しか持てないということ。
◎しかし、「攻撃」か「防御」かという議論には主観がつきまとう。

脅威を構成する「能力」と「意思」、どちらが問題か？

◎防衛のための軍事力が、他国にとっては脅威と映ることがある。
　これが「安全保障のジレンマ」を生む。
◎軍縮などによって「能力」を制限するための協調行動が必要とされる。
◎信頼せよ。されど検証せよ。

第5回

「核のない世界」は到来するか

What To Think

考えること

核軍縮を進めるためには何が必要か？

「核のない世界」は実現可能か？

日本が抱える「核の矛盾」をどう乗り越えるか？

軍縮を進めるために必要なこと

小原：国家主権を超える政治権力の存在しない国際社会において、平和と安全をどう実現するか。「能力」を均衡させることによって戦争を防ぐ「勢力均衡」もあれば、「能力」を互いに削減し合うことで平和を醸成する「軍縮」もある。このことを、前回のゼミでは議論してきた。

今回は、この「軍縮」について掘り下げて考えていきたい。まず、軍縮で最も大切なことは何だろうか。

厚木：「安全保障のジレンマ」が相互の不信感から生まれるとすれば、その逆、つまり、相互の信頼を醸成することではないでしょうか。相手が信用できない限り、「戸締り」は欠かせないし、荒野の決闘で銃を捨てれば撃たれると思うのは当然です。

小原：そのとおりだね。実際、90年代に米ソ、そして米ロ間で進展した軍縮の取り組みのひとつである「戦略兵器削減交渉（ＳＴＡＲＴ）」の背景には、冷戦終結によって両国関係が大きく改善し、信頼関係が生まれたことがある。

したがって、**軍縮は「能力」についての取り組みである以上に、不信感や恐怖を和らげ、いかに信頼関係を築くかという意味において、「意思」についての取り組みである**とも言えるだろう。

たとえば、一方の国が自発的に核弾頭の保有数や弾道ミサイルの配備数を削減することで、相手からの信頼を得て、相手にも削減してもらうことが可能となる。それによって信頼の醸成が進めば、さらなる削減にもつながり、段階的な核軍縮が実現することになる。

しかし、とりわけ核軍縮について言えば、米ロ以外にも核保有国や潜在的な保有国が多数存在しているから、国際社会全体で取り組むことが必要となってくる。米ロ間で信頼関係を築くだけでは不十分であり、仮に米ロ間で核軍縮が進展しても、中国が核戦力を増強したり、北朝鮮やイランが核開発を進めたりすれば、核の拡散が進み、世界は不安定化してしまうからね。

つまりは世界的な核不拡散の取り組みが必要なわけだけれど、そうした取り組みのひとつに「**核不拡散条約（NPT）**」がある。現在、この条約のもとで核兵器の保有が認められている国はアメリカ、ロシア、中国、イギリス、フランスの5カ国のみだ。

しかし、インドやパキスタンからは、この5カ国だけに特権的な地位を認めるのはおかしい、との批判も出た。実際、この二国はNPTに参加しておらず、核兵器も保有している。また、かつてNPT加盟国だった北朝鮮は1993年に核兵器保有疑惑を起こし、同年、一方的にNPTからの脱退を発表した。

このように、世界的な核不拡散と核軍縮の取り組みであるNPT体制は、残念ながら十分機能しているとは言えないのが現状だ。

インドやパキスタン、北朝鮮のような国が主張するのは、「**ひとりでも銃を持つ者がいる限り、銃を持たなければ自分の身は守れない**」という理屈。もしそうだとすれば、すべての国家は核兵器を持たない限り安全を確保できないということになる。このロジックを推し進めた先には、核兵器が氾濫し、核戦争によって人類が滅びかねない世界が登場するだろう。

しかし、これが主権国家を超える絶対的「権力」の存在しない国際社会の「無秩序（anarchy）」の表れかもしれないね。

不平等な核保有が引き起こすこと

小原：こうした現状を放置すれば、核兵器の開発・保有が連鎖的に起きるリスクを排除することができなくなる。

たとえば、中東の地域大国イランが核兵器を持てば、イランと対立する地域大国であるサウジアラビアやトルコが核保有に動き、イスラエルは核戦力を強化するだろうね。

こうした「核の連鎖」は、何も中東に限った話ではなくて、東アジアでも起きる可能性があるんだ。もし非核化が実現せず、北朝鮮が事実上の核保有国となれば、韓国、さらには日本や台湾においても、核兵器を保有すべしという声が出てきかねないと懸念する専門家もいる。

核不拡散体制を維持するためには、核保有を認められた国家による核軍縮努力が不可欠なんだ。ＮＰＴ体制のもとでの核保有国の地位は、決して特権的なものではない。他国の核開発や核保有を抑止するためにも、率先して核軍縮に取り組む義務がある。

日本や韓国の場合、アメリカの「核の傘」に守られているから大丈夫だということで今日まで来ているけれど、トランプ氏のような同盟国を軽視する大統領のもとでは、「核の傘」への信頼が揺らぐ恐れもある。たとえば、前回のゼミで説明した「デカップリング」の懸念はそのひとつだね。

厚木：デカップリングまではいかなくとも、アメリカが核軍縮を進めた場合、その「核の傘」に頼っている国からは「核の傘」は十分かとの疑問や不安が出てきて、自ら核武装すべしとの声が高まることも考えられます。

また、ＮＰＴ体制のもとでは、核保有を認められた5カ国とそれ以外の国との間で「核の威嚇や攻撃はしない」という拘束力ある合意がなされない限り、北朝鮮のように「核の傘」のもとにない孤立した国家が核開発を進め、核不拡散体制が崩れていくという心配もあります。

小原：それがまさにＮＰＴの弱点と言えるところだね。インドは、国境紛争を抱える中国が核保有国となったことでＮＰＴに違反しても核兵器が必要だと考えた。そして、インドが核兵器を持つと、今度は領土紛争を抱えるパキスタンが核保有に走った。リビアのカダフィの二の舞[22]になるのを恐れる金正恩委員長にとって、核兵器以上の「安全の保証」の拠りどころはないのかもしれない。

でも、そうした理屈を認めれば「核の連鎖」が起きて、世界中に核兵器が広がってしまいかねないよね。NPT体制は、確かに「早い者勝ち」的な不平等・不完全な体制ではあるけれど、かと言って核保有国に核兵器を放棄させることも現実的ではない。なぜなら、**「囚人のジレンマ」**と呼ばれる**「ゲームの罠」**が存在するからだ。

つまり、先に銃を捨てた瞬間に、捨てなかった相手から威嚇されたり、ずどんとやられたりするのではないかと誰もが疑うということ。アダム・スミスが言うように、人間には先を予見しようとする能力がある。そして、国際社会は経験的に言って「正直者が馬鹿を見る」ことがとても多い場所だ。ここでもまた、主権国家以上の政治権力が存在しない国際社会の現実が立ちはだかっているわけだね。

22　かつてリビアの独裁者だったカダフィは、国際社会への復帰を目指して核開発計画を放棄したが、後に反政府勢力との内戦やNATOの空爆によって政権を倒され、自らも命を落とした。

図5-1 囚人のジレンマ

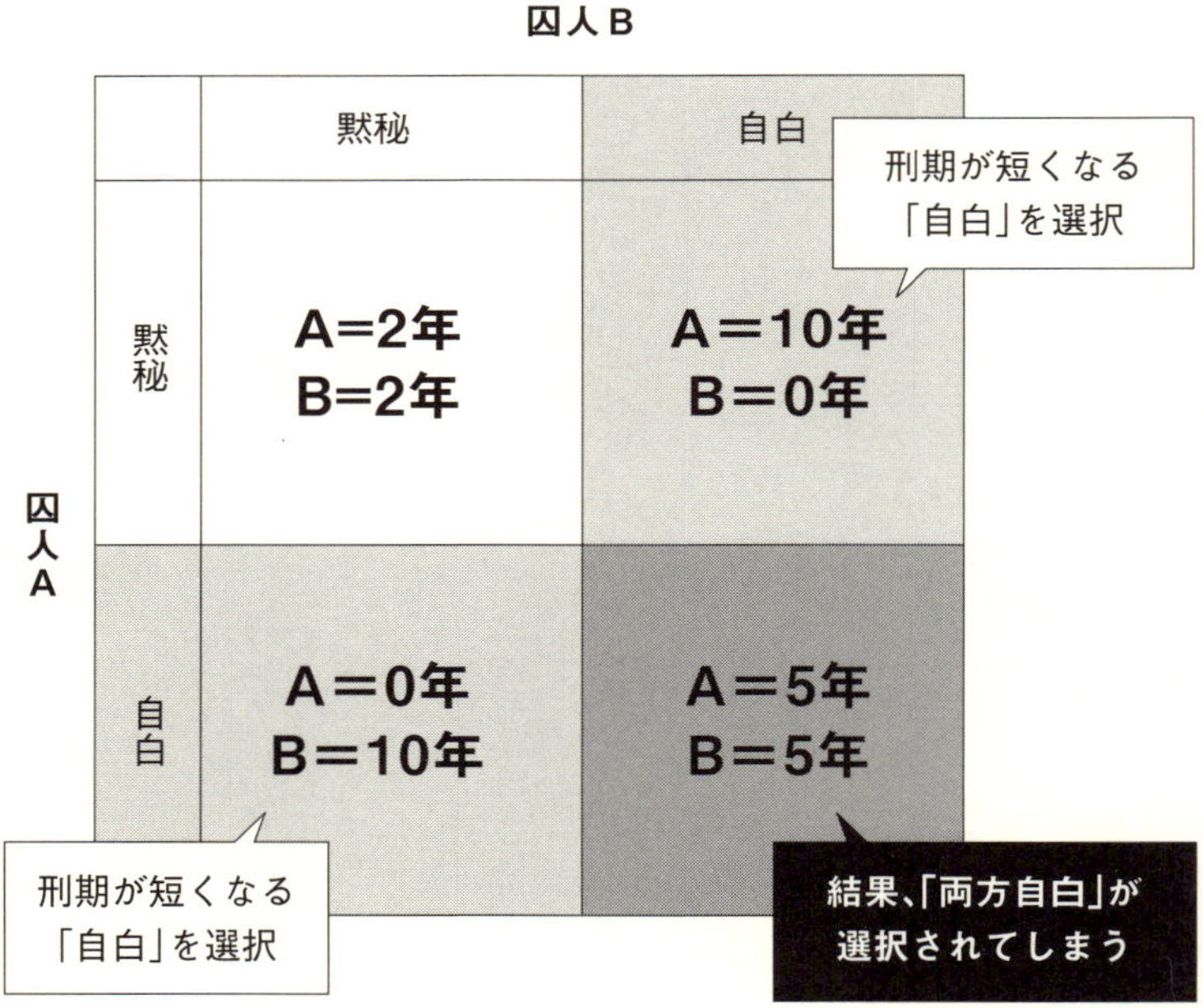

別々の部屋に隔離された囚人ＡとＢはそれぞれ黙秘すべきか、それとも自白すべきか考える。ふたりがそれぞれ自分の利益だけ追求すれば、双方にとって得な「互いに黙秘」ではなく、「互いに自白」という結果になる。これが「ジレンマ」と言われるゆえんだ。

日本は、「核のない世界」の実現を目指して外交努力を続けてきたけれど、その実現までの間はアメリカの「核の傘」が必要だ。特に、北朝鮮は日本全土を射程に入れる「ノドン中距離ミサイル」を200発も配備していると言われていて、アメリカの拡大核抑止の必要性は否定できない。広島・長崎の悲劇を経験した日本にとっての大きなジレンマなんだ。

「核のない世界」は実現可能か

小原：それでは、はたして「核のない世界」は実現できるのだろうか。

2017年10月、「**核兵器禁止条約（Treaty on the Prohibition of Nuclear Weapons）**」が122の国家と地域の賛成多数で採択された。しかし、日本は参加を見送った。そしてNPTで核兵器保有を認められた5つの核兵器国は反対して不参加、そのほかの核兵器保有国も不参加だった。

この条約は、核兵器の存在自体を直ちに違法化しようとするもので、「核のない世界」を一気に実現しようとする野心的な取り組みだと言える。その根底には、言うならば「銃を社会から一掃してしまえば銃で身を守る必要もなくなるじゃないか」とでもいうような論理が横たわっているんだ。

ではなぜ、日本は参加しなかったのだろうか。現に日本国内のみならず、海外からも「日本こそが非核化に向けてリーダーシップをとるべきなのに」と、批判や疑問の声が上がった。

皆は、こうした批判や疑問についてどう思う？

霞が関：残念ですが、仕方がないかなと思います。日本がアメリカの核抑止を必要としている理由がなくならない限り、「核のない世界」は実現性の低い理想でしかありません。日本がリーダーシップをと言うなら、それは「核の傘」を必要としない状況をどう築くか、そのことを考え抜いて、現実の国際政治において日本ができることを着実に積み重ねていくしかないと思います。

小原：では、「核の傘を必要としない状況」はどうやったら作れるだろう？

厚木：核ミサイルを撃墜する防衛システムの能力が向上して、どんなミサイルも100パーセント撃ち落とすことができるようになれば、そもそも弾道ミサイルを日本に発射すること自体に意味がなくなりますよね。そうなれば、専守防衛の日本でも「核の傘」なしに国家・国民の安全を守ることができます。

小原：弾道ミサイル防衛（BMD）のようなシステムを拡充させていくということだね。それは、確かに日本の安全のみならず、「核なき世界」に近づくための有効な手立てとなるかもしれない。実際、日本政府もそうした能力を強化すべく努力している。

どういう仕組みか、少し説明しよう。次の図を見てほしい。

弾道ミサイルの飛翔経路は、大きく分けて、①**ブースト段階**、②**ミッドコース段階**、③**ターミナル段階**の3段階からなる。この各段階に適した防衛システムを構築し、それを組み合わせることによって、仮に途中段階で撃墜に失敗したとしても、日本に着弾するという最悪のケースは防げるという、多層的な防衛を可能にするものだ。

しかし、BMDは決して完璧というわけではなくて……おっと、厚木くんがしゃべりたくてむずむずしているようだ（笑）。

図5-2 弾道ミサイル防衛（BMD）の仕組み

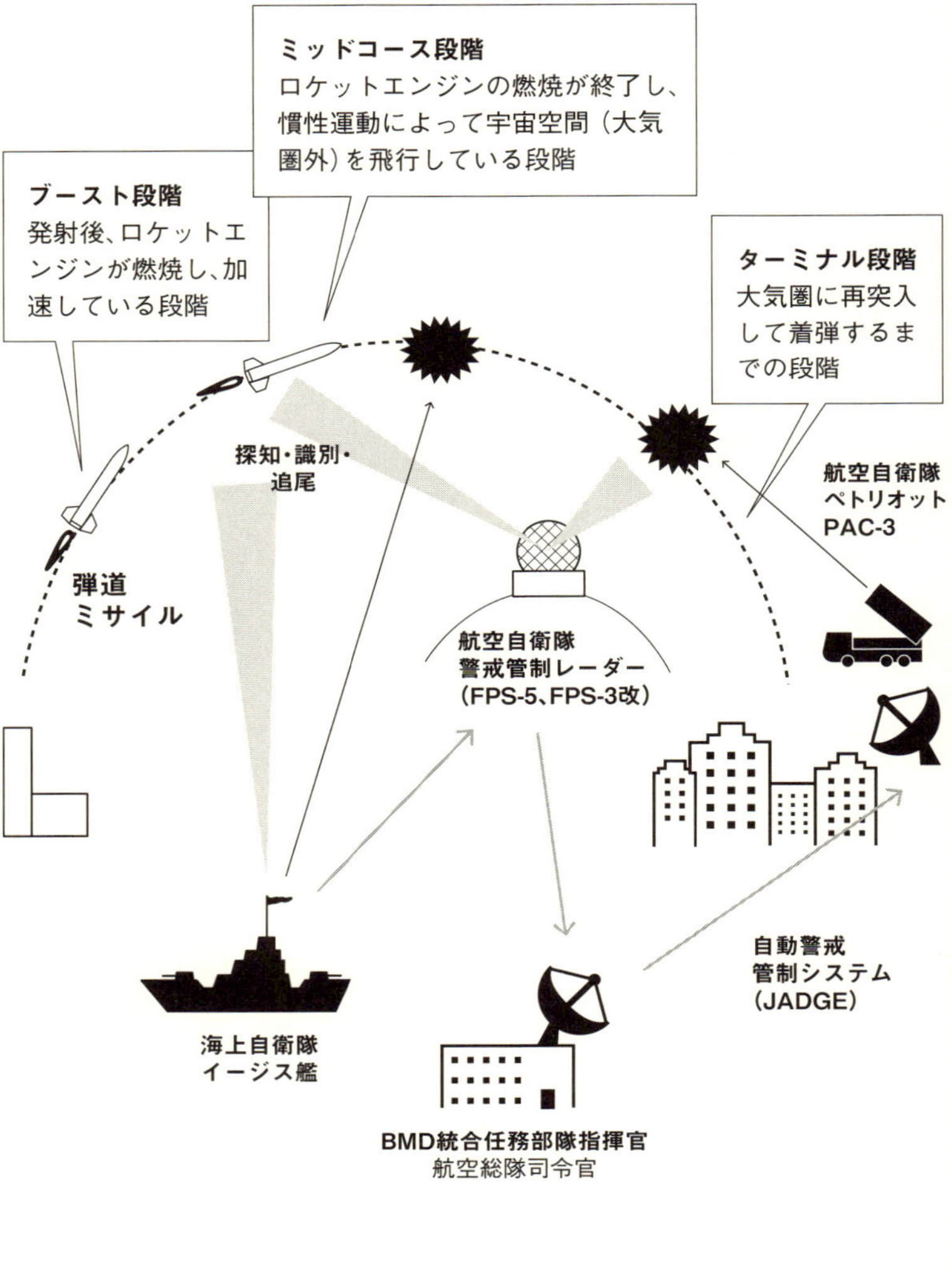

厚木：はい（笑）。先生の言われたとおり、日本を射程に収める北朝鮮の弾道ミサイルは200発以上あるとも言われていて、仮に北朝鮮がこれらのミサイルを同時多発で発射すればとてもすべてを撃ち落とすことなどできないでしょう。

しかも、弾道ミサイルは数千kmから1万kmまで上昇してから落下してくるため、そのスピードが超高速となるターミナル段階での迎撃は技術的には難しくなります。

したがって、ターミナル段階よりミッドコース段階でのイージス艦による迎撃が、あるいはミッドコース段階よりブースト段階での巡航ミサイルによる迎撃が、より確実で容易だと言えます。

ミサイルが静止している発射直前ならさらに確実ですね。それが、敵基地攻撃論が出ている理由のひとつです。すでに長距離の巡航ミサイルの導入も決まっていると聞きます。巡航ミサイルは、中国が配備している1千基以上とも言われる弾道ミサイルや長距離巡航ミサイルに備えるうえでも必要です。

小原：大変な軍事専門家だ（笑）。

実際、日本政府はイージス・アショアの導入に踏み切った。安倍総理は国会審議で、「自宅から通えるから」などと答弁していたけれど、洋上展開するイージス艦の整備や艦員の休養を考えれば、陸上配備のイージス・アショアはイージス艦の負担を減らし、弾道ミサイル防衛の強化に資すると言われている。

一方で、中国が飛行実験に成功した極超音速飛翔体はマッハ６の速度で飛んでくるため、現在のミサイル防衛では迎撃が不可能とも言われている。

このように、攻撃と防御の双方で技術開発競争が今後も繰り広げられるだろうけれど、**技術革新によっては、弾道ミサイルを百発百中で撃墜するシステムができる可能性もある。つまり、技術的に不可能ではないなら、「核の傘を必要としない状況」が生まれる可能性もゼロではない**ということ。そんなシステムなら、アメリカから輸入調達して一時的に国防予算がかさんでしまうとしても、日本の安全のためには有益な投資と言えるんじゃないかな。

しかし、残念ながら現時点で技術的にそこまで達しているかどうかは疑問だ。いまのところは、やはり「核の傘」は必要であり、同時に核不拡散と核軍縮のための国際協力を粘

図5-3　イージス・アショア

イージス・アショア　©ZUMA Press/amanaimages

り強く進めるしかないというわけだね。

理想と現実の間をどう埋めるか

小原：ここで、「核兵器禁止条約」に日本が参加しなかった理由についてもう一度考えてみよう。

数百万人の命を一瞬にして奪う核兵器の使用は、明らかに人道に反する行為であり、そのことを誰よりも強く主張できるのが唯一の被爆国である日本。「核のない世界」を目指すのは、ある意味では日本に与えられた「道義的な使命」であると言ってもいいだろう。

その意味で、**核兵器禁止条約が目指す「核廃絶」という目標自体には、日本は何の異論もないはず**。実際、日本は毎年、アメリカを含む多くの共同提案国を代表して「核兵器廃絶決議案[23]」を国連総会に提出し、採択されてきている。僕は、国連の日本政府代表部に勤務していたときにこの決議案提出に関わったことがあるけれど、日本の取り組みは国連のなかでも高く評価されていたことを憶えている。

ではなぜ、日本は核兵器禁止条約に参加しなかったのか。それは、「核攻撃の脅威から国民を守るという安全保障の観点への考慮が十分ではない」というのが日本政府の立場だ。核兵器禁止条約は、日本の理想であり人類の理想である「核なき世界」を高らかにうたった崇高な文書ではあるけれど、もしこれに日本が賛成すれば、日本はアメリカの「核の傘」にあるという現実との間で矛盾が生じることになる、という考え方だ。

したがって、**この理想と現実の間にある大きな溝をどう埋めるか**が問題となる。

ここで参照したいのが、２０１７年夏、オバマ大統領がアメリカの現職大統領として初めて被爆地広島を訪れ、行った歴史的なスピーチだ。アメリカが「核のない世界」を目指すということを謳ったものだけれど、僕が皆にあらためて聴いてほしいのは次の一説だ。

Among those nations like my own that hold nuclear stockpiles, we must have the courage to escape the logic of fear and pursue a world without them. We may not realize

23 正式には、「核兵器の全面的廃絶に向けた共同行動」。

this goal in my lifetime, but persistent effort can roll back the possibility of catastrophe. We can chart a course that leads to the destruction of these stockpiles, we can stop the spread to new nations, and secure deadly materials from fanatics.

私自身の国と同様、核を保有する国々は、恐怖の論理から逃れ、核兵器のない世界を追求する勇気を持たなければなりません。私が生きている間に、この目標を実現することはできないかもしれません。しかし粘り強い努力によって、大惨事が起きる可能性を低くすることができます。保有する核の根絶につながる道を示すことができます。核の拡散を止め、大きな破壊力を持つ物質が狂信者の手に渡らないようにすることができます。

（日本語訳は在日米国大使館の公式サイトより。傍点筆者）

厚木：しかし、「恐怖の論理」は国際社会の基本構造であって、そこから抜け出ることは難しいと思います。核抑止がなければ、核戦争はとっくに起きていたでしょう。いわば、必要悪です。

青山：私は、オバマ大統領の問題意識はとても大事だと思います。確かに、罰則のないルールが守られないように、「恐怖の論理」なくして社会の安全や秩序を維持していくことは難しいのかもしれない。でも、それで納得してしまっては人類の進歩はないし、私たちがこうして議論している意味もないのではないでしょうか。

このゼミで考えてきたこと、現実と理想のギャップをどう埋めていくのか、もっともっと勉強して、世界を少しでも理想的な形に変えていく努力を放棄すべきではありません。甘いかもしれませんが、心からそう思います。

小原：厚木くんの言うことも確かに一理あるし、青山さんの思いも決して間違ったものではないよ。

人間は、「万人の万人による闘い」を避けるために「リヴァイアサン」という概念を創り出した。それは、万人が恐れる大きな暴力に対して従うことによって実現した安全だと言える。そうして、**安全保障の本質には「恐怖の論理」が決定的要因として存在してきた**わけだ。

これは、国際社会においても変わることはない。リヴァイアサンを超える怪獣が存在しない国際社会においては、リヴァイアサン同士の力の均衡が安定を作り出すとされてきた。しかし、国家の力はどんどん強大になり、冷戦時の米ソ両国にいたっては人類や地球そのものを滅ぼすだけの核兵器を持って対峙した。そこでの安全とは、「恐怖の均衡」のもとでの不確実なものだった。

それは今も変わらない。国際社会は、「相互確証破壊」という核兵器への恐怖から生まれる抑止に頼らざるを得ないのが現実だ。これをどう変えていけるのか。「核のない世界」への道は遠く険しいものだと言わざるを得ない。

それでも、青山さんが言ってくれたようにこの目標を放棄すべきでは決してない。なぜなら、**僕ら人間は、それが実現できるか否かとは関係なく、それが目指すべき理想である以上、そのために努力することが人間としての使命だということを知っているからだ。**

最後はすこし哲学的な話になったけれど、問題意識は共有できただろうか。これからも、皆が考えていくべきとても大事な問題であり、自分なりの答えを見つけてほしいと思う。今回のゼミはここまでとしよう。

第**5**回

まとめ

「核のない世界」は到来するか

核軍縮を進めるためには何が必要か？

◎核軍縮のためには、相互の不信感や恐怖を和らげる必要がある。

◎核不拡散体制の維持には、核保有を認められた国の核軍縮努力が欠かせない。

「核のない世界」は実現可能か？

◎「核兵器禁止条約」は核保有国の不参加に終わり、日本も参加しなかった。

◎完全なミサイル防衛システムでもできない限り、「核の傘」は必要。

日本が抱える「核の矛盾」をどう乗り越えるか？

◎唯一の被爆国である日本は、「核なき世界」を目指しながら、アメリカの「核の傘」の下にあるという矛盾を抱える。

◎人間は「恐怖の論理」を乗り越えることができるか、という安全保障の本質が問われている。

PART 3

異なる正義と交渉するには

第6回

アジアの戦後秩序はどう作られ、変化したか

What To Think
考えること

戦後の国際秩序はどのようにして生まれたか？

中華人民共和国の誕生は何を変えたか？

なぜアジアの社会主義体制は崩壊しなかったのか？

小原：前回ゼミで触れたように、日本がいま直面している脅威として、北朝鮮の核・ミサイル開発の問題がある。日本の安全という観点からだけではなく、世界で唯一の被爆国としての立場からも、朝鮮半島の非核化に向けて外交努力を尽くすことは当然ではあるけれど、そのためには北朝鮮がなぜ違法な核・ミサイル開発に邁進してきたのか、そこにはどんな北朝鮮側の理屈（すなわち正義）があるのかを、きちんと理解しておく必要がある（これについては、次回のゼミで取り上げる）。

国際社会には多様な価値があり、正義がある。**日本を含む国際社会が北朝鮮に求める「正義」と、北朝鮮の考える「正義」は同じではない。**その違いを知ることが、交渉を通じた平和的解決の第一歩となる。

そして、**それぞれの「正義」について理解するためには、その国の置かれた歴史的状況を正しく知る必要がある。**

第二次世界大戦後、日本は敗戦し、朝鮮半島には南北ふたつの国家が生まれ、やがて米中をも巻き込む朝鮮戦争が起きた。朝鮮戦争は休戦となったけれど、いまだに平和条約は結ばれておらず、法的には現在も戦争状態が続いている。そんななかでの核・ミサイル開発をめぐる緊張と対話であり、朝鮮半島をめぐる国際政治には今も歴史が大きな影を投げかけている。

次回、北朝鮮の正義について考えるにあたって、今回のゼミではその歴史的背景について、皆と一緒に見ていきたい。

戦後の秩序はどのようにして生まれたか

小原：まず、最初に見ておきたい一枚の写真がある。そこには、戦後世界の秩序構築において決定的な役割を果たした3人の人物が写っている。皆もよく知っている歴史的写真ではないかな。

兜：ヤルタ会談ですね。第二次世界大戦での連合軍の勝利が決定的となっていた1945年2月に行われました。写真の人物は、左からイギリスのチャーチル首相、アメリカのルーズベルト大統領、そしてソ連のスターリン首相です。

図6-1 ヤルタ会談

ヤルタ会談 ©SPUTNIK/amanaimages

小原：そのとおり。この3人の巨頭がクリミア半島南部のヤルタに集まり、戦後の国際秩序の枠組みを決めてしまった。では、その秩序とは一体どんなものだっただろう？

厚木：東西冷戦構造ですね。

小原：そうだね。皆もよく知っているとおり、このヤルタ会談以降、世界はアメリカを中心とする西側資本主義陣営と、ソ連を中心とする東側社会主義陣営に分かれていく。そして、**東西両陣営が軍事的・イデオロギー的に激しく対立し、闘争する構図が、戦後の国際秩序を規定する基本的政治構造となったんだ。**

ではなぜ、そのような対立構造がこのときに生まれたのだろうか。

青山：ヤルタ会談において最大の争点となったのは、ポーランドをめぐる問題でした。会談に集ったアメリカ、イギリス、ソ連の3国の指導者は、当事者であるポーランド抜きでその国境線を塗り替え、領土を西側へ移動させました。力が正義だということを見せつけたかのような会談でした。

図6-2　第二次世界大戦後のポーランドの国境変更

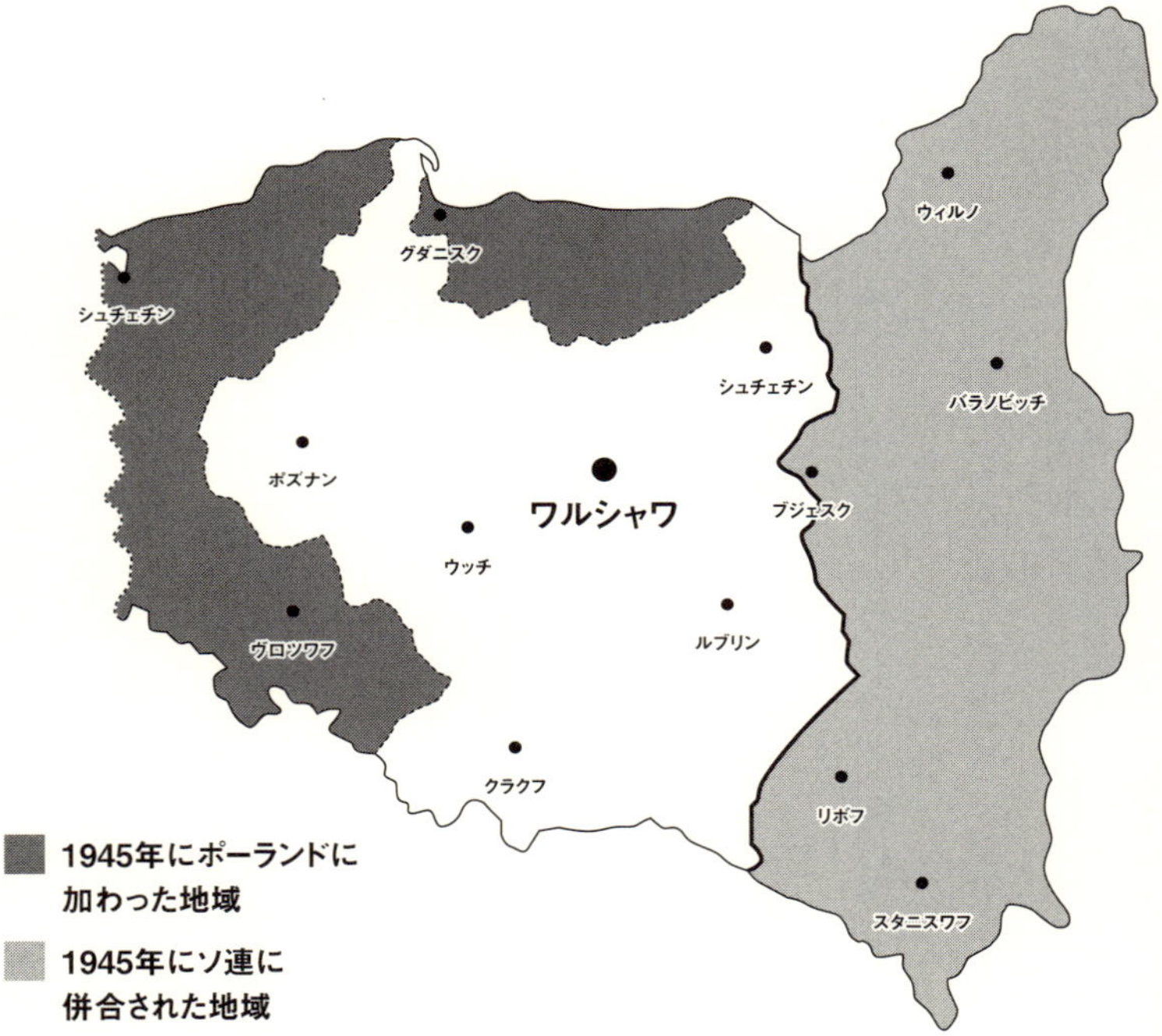

小原：この地図を見てもらえば、どんなに一方的な国境変更だったかがよくわかるんじゃないかな。

ポーランドは、地理的にはロシアとドイツの間に位置する国。地政学的に見れば、革命後のソ連とドイツ、戦後で言えばアメリカとソ連という、大国の利害が衝突する最前線だ。会談の結果、ポーランドの東部がソ連の領土となり、ドイツは自国領土の4分の1にあたる東部地域をポーランドに譲ることとなった。この結果、ポーランドという国は西に大きく移動する形となった。

実は、ポーランドはこうした悲哀を歴史的に何度も経験してきた国なんだ。

霞が関：地政学による悲劇です。

小原：いや、本当に。イギリスの著名な地政学者であるハルフォード・マッキンダーは、ユーラシア大陸[24]の内陸部を「ハートランド」と呼び、ハートランドを制する者が世界を制する、と論じた。そしてその争いを左右する地域こそが東欧であり、その中心たるポーランドは地政学的要衝として歴史的に大国の勢力争いの場となってきたわけだ。[25]

ヤルタ会談では、ほかにも「国際連合の創設」「米英仏ソ4カ国によるドイツの分割統治」なども話し合われた。そうして、「ヤルタ体制」と呼ばれる戦後秩序が作り出されることとなった。

チャーチルは、このとき作られた戦後秩序に対して、ある有名な言葉を残している。

霞が関：「鉄のカーテン」ですね。

小原：そうだ。1946年、イギリス首相の座を降りたチャーチルが、アメリカで行った演説のなかで使った言葉だね。ソ連が東側諸国を西側諸国から遮断しようと、政治的・軍事的・イデオロギー的な「壁」を設けていると指摘して、冷戦の始まりを示唆したことで知られている。そして、同じ西側諸国であるアメリカの人々に対し、ソ連への警戒を高めるよう促したんだ。

このように、ポーランドを始点として始まった戦後の「冷戦」。「冷たい戦争」と呼ばれるゆえんでもあるその特徴は、**異なる秩序のもとにあるふたつの陣営が激しく対峙しながらも、「熱戦」にいたることはなかった**という点にある。

実際、アメリカを中心とする北大西洋条約機構（NATO）と、ソ連を中心とするワルシャワ条約機構の間の相互不信や対立は激しかったものの、**核大国間の「恐怖の均衡」のもとで直接的な戦争だけは避けるという自制が働いていた**と言える。[26]

戦後の東アジア秩序を生んだもの

小原：では、ここから視点を東アジアに移してみよう。戦後の国際秩序は米ソ二大国の対立を基軸とした冷戦構造がベースにあったわけだけれど、その構造はアジアではどのような秩序を生み出したのだろうか。

24 編注：アジアとヨーロッパの総称。地球上の陸地面積の3分の1を占める。（大辞林 第三版）

25 ヤルタ会談では特に、チャーチルとスターリン、つまりイギリスとソ連がポーランド問題を巡って激しく対立した。チャーチルは、ルーズベルトがソ連に対して寛容すぎると不満を持った。

26 ある専門家は、冷戦を「ある種の規制と規範が存在し、遵守されている未発達なシステム」であると論じた。著名な国際政治学者ヘドリー・ブルも、「国家の共通利益、国家によって受け入れられた共通規則、国家の手によって機能している共通制度といった観念」の存在を指摘した。

大きく分けて、**ふたつの出来事が戦後アジアの秩序を生み出した**と考えられている。

ひとつは、日本にとって大きな打撃となった出来事。つまり、日本の降伏直前に**ソ連が対日参戦したこと**だ。

ヤルタ会談では、日本についての秘密協定（「ヤルタ密約」）が結ばれ、そのなかでソ連が日本を攻撃することが約束された。

アメリカのルーズベルト大統領はソ連のスターリンに対し、ドイツ降伏後2〜3カ月して対日参戦することを要求。そしてそれと引き換えに、日本がロシアから奪ったとされる満州の権益や南樺太の領土をソ連に返還すること、また千島列島[27]をソ連に引き渡すことを約束した。

この密約について、皆はどう思うかな。

厚木：納得できないですね。なぜなら、**この密約は「正義」に反する行為だからです。**ソ連は日本との間で1941年に「日ソ中立条約」を結んでいたにもかかわらず、この密約にしたがって互いの不可侵を定めた日ソ中立条約を一方的に破り、日本に参戦しました。

日本人のシベリア抑留や北方領土の不法占拠などはとても容認できるものではないと思います。

小原：戦後、日本政府はこの密約について次のような立場を表明している。

当時の連合国の首脳者の間で戦後の処理方針を述べたものであり、関係連合国の間で領土問題の最終的処理につき決定したものではない。また、我が国は、御指摘の「ヤルタ協定」には参加しておらず、いかなる意味においてもこれに拘束されることはない。

（平成18年2月17日、質問趣意書に対する小泉首相による国会答弁書）

また、アメリカのブッシュ大統領も「ヤルタ会談は史上最大の過ちのひとつ」と批判した。ちなみに、イギリスのチャーチル首相は戦後、「頭越しで決められたので自分はよく

27 編注：北海道東端とカムチャツカ半島南端との間に、北東方向に弧状に連なる列島。（中略）第二次大戦後はソ連を経てロシア連邦の占領下にあり、日ロ間で領土問題になっている。（大辞林 第三版）

知らなかった」などと釈明している。いずれにしても、ソ連は日本との条約を有効期間中に一方的に破棄したことになるから、厚木くんのように考える人は少なくない。

この密約を受けて、ソ連はポツダム宣言の5日ほど前にあたる1945年の8月8日、日本に対して宣戦を布告。一気に満州に攻め込み、ソ連の領土や権益を拡張した。

ソ連の対日参戦は、ソ連に仲介を期待していた日本にとって予期せぬ衝撃だった。当時の新聞記事には「北満北鮮へ分散空襲」との見出しが躍っているけれど、150万のソ連機甲部隊[28]が東西から挟撃する形で満州に攻め込み、日本の関東軍を粉砕したのは相当にダメージが大きかった。ソ連軍は同時に、樺太南部や朝鮮北部、千島列島にも侵攻。攻撃はポツダム宣言受諾後も続いた。

これにより、満蒙開拓団[29]をはじめとして多くの日本人が犠牲となった。50万もの日本人がシベリアに抑留され、その多くが過酷な労働によって亡くなったと言われている。

こうしたソ連の侵攻によって、戦後のアジアの秩序は劇的に変化する。それを招いたのがヤルタ密約だったというわけだ。

図6-3　ソ連の対日参戦

朝日新聞

ソ聯 對日宣戰を布告

東西から國境を侵犯

滿洲國內へ攻撃開始

北滿北鮮へ分散空襲

我方、自衛の邀撃戰展開

調停の基礎を失ひ

米英蔣の提案受諾

ソ聯、宣戰理由を通達

ソ聯の宣戰布告文

對日戰鬪狀態放送

東北各地へ延千百機

釜石へ再び艦砲射撃

戰爆二百六十機來襲

北九州の要地飛行場攻撃

帝都附近へ延百機

屋外防空壕に入れ

新型爆彈に勝つ途

1945年8月10日付朝日新聞

霞が関：しかし、そんな密約があるともつゆ知らず、日本はソ連による和平仲介に期待し続けたんですよね。当時の日本指導部の国際情勢認識がいかに甘かったか……改めて思い知らされます。

小原：当時の日本の軍指導部や政府には、とにかく希望的観測というか、都合の悪い情報や分析はすべて無視するという悪弊が支配していたからね。

兜：そう考えると、日本は戦争に負けるべくして負けたということですね。こんな政府や軍の指導者を持った日本国民も不幸だったとしか言いようがない。ヤルタ密約によって参戦したソ連は、北方領土も占領してしまいました。北方領土は今も占拠されたままです。

小原：戦後、日本政府はこれを不法占拠だと主張して、その返還を求めてきたわけだけれど、いまだ1956年の日ソ共同宣言に盛り込まれた歯舞・色丹の二島さえ返ってきていない。このように北方領土問題だけを見ても、このときのソ連の参戦がアジアの戦後秩序にいかに大きな影響を与えたかがわかるのではないかな。

戦後アジア最大のプレイヤー誕生

小原：アジアの戦後秩序を作った出来事として、ソ連の対日参戦以外にもうひとつ挙げるとすれば、それは**「中華人民共和国」の成立**だ。

その契機となったのが、1946年に起きた「第二次国共内戦」。中国共産党と中国国民党によるこの内戦は、アジアの戦後秩序を大きく変えた最初の「熱戦」となった。

戦後アジアの秩序は、ヨーロッパのそれとは様相が大きく異なり、中国や朝鮮半島やベトナムで**直接的な軍事衝突が続く「熱戦」に特徴づけられる**んだ。

日中戦争では、両党は日本を「共通の敵」として協力していたけれど、日本が降伏したあとに対立が顕在化。冷戦構造を背景として、国民党にはアメリカが、共産党にはソ連が

28 編注：機械化部隊と装甲部隊との総称。戦車・自走砲・装甲兵員輸送車などを装備した機動力のある陸軍部隊。（大辞林 第三版）

29 編注：満州事変後、日本が満州・内蒙古などに行なった農業移民団。（大辞林 第三版）

図6-4　中華人民共和国の誕生

時期	中国国民党	中国共産党
1912年	「中華民国」成立*1	
1919年	孫文らが「中国国民党」結成	
1921年		「中国共産党」結成
1924年	**第一次国共合作（〜1927年）**	
1925年	孫文死去	
1926年	蒋介石が主導権、北伐開始（〜28年*2）	
1927年	**第一次国共内戦（〜1937年）**	
1935年		長征途中の遵義会議で毛沢東が主導権を握る
1937年	西安事件（張学良が蒋介石を監禁し国共合作と抗日を迫る）	
1937年	日中戦争開戦。第二次国共合作（〜1946年）	
1945年	日本が無条件降伏	
1946年	**第二次国共内戦（〜1949年）**	
1949年	毛沢東が「中華人民共和国」建国を宣言	蒋介石は台湾に逃れ、国民党政府（台湾国民政府）を再建

＊1　臨時大統領は孫文だが、国内は群雄割拠
＊2　北伐完了後、南京国民政府が中華民国の正統政府として49年まで続く

それぞれ支援する形で内戦が繰り広げられた。

ソ連は、中国共産党が中国国民党と戦い続けることについて慎重だったと言われている。スターリン首相の頭には「アジア版ヤルタ体制」、つまり、米ソのどちらかがすべてを取るのではなく、ソ連側とアメリカ側とで分割統治するという考え方があったようなんだ。

しかし、中国共産党の指導者であった毛沢東は、スターリンからの忠告を無視して国共内戦を再開。最終的に国民党を台湾に追いやり、1949年10月には中国大陸全土の統一を果たす。中華人民共和国という、戦後アジアの秩序を大きく塗り替える社会主義国家が誕生した。

中国が関与したふたつの「熱戦」

小原：アメリカとソ連の対立は、中華人民共和国が成立した後も、舞台を変えて続けられることとなる。翌年の1950年に起こった**朝鮮戦争**がその最たるものだね。
ソ連の参戦が合意されたことを受け、ソ連軍は朝鮮半島北部にも進攻する。戦後、朝鮮半島は米ソによって南北分割占領され、その2年後には、スターリンと毛沢東の支持を得た金日成が朝鮮半島の統一を目指して韓国に侵攻。北朝鮮は「アメリカと韓国の侵略だ」と主張してきたけれど、これはちょっと無理な主張だと言わざるを得ない。

当時、ソ連は中華民国が常任理事国となっていた安保理をボイコットしていたから、アメリカ主導で安保理決議が採択され、アメリカ軍を主体とする国連軍が組織された。今もソウルには国連司令部が置かれていて、日本の横田基地にはその後方司令部もある。

その後、国連軍の派遣や中国軍の参戦もあって、最終的に38度線に沿った軍事休戦ラインを境に休戦協定が結ばれ、今日に至っている。

朝鮮戦争は、米ソの冷戦を背景に、ソ連の原爆保有によるスターリンの自信や、欧州冷戦との関係をめぐる米ソの駆け引き、マッカーサーの原爆使用の主張[30]、毛沢東の思惑やスターリンの死など、大国の利害が深く絡み合った戦争だったと言える。

このように、**１９４９年に成立した中華人民共和国は、アジアにおける社会主義体制の雄として、戦後アジアの秩序に大きな影響を及ぼす**ことになる。実際、第三の「熱戦」であるベトナム戦争にも、中国は少なからず関与している。戦争中にベトナムを支援したことはもちろん、一方で、中ソ対立を背景として、ニクソンとキッシンジャーの求めに応じて米中関係の改善に動いたことよって、アメリカのアジア政策の転換を可能とし、ベトナム和平の実現に大きな役割を果たした。

なぜアジアの社会主義体制は崩壊しなかったのか

小原：冷戦は、1989年にベルリンの壁が崩壊したことで終結を見る。そしてこれを契機にヨーロッパの社会主義体制はすべて瓦解することとなった。

しかし、アジアでは中国を始めとして、北朝鮮、ベトナムがいまもなお社会主義体制を維持しているほか、38度線や台湾海峡での対立や緊張も依然として残っている。

ある意味、**社会主義陣営に対する民主主義陣営の勝利としての冷戦の終結は、アジアでは起きなかった**とさえ言える。

30　このとき、戦局の打開をはかったマッカーサー元帥は中国東北部への核兵器使用を進言し、第三次世界大戦を恐れたトルーマン大統領に解任された。

兜：しかし、社会主義体制は経済的には崩壊しているのではないでしょうか。中国やベトナムは計画経済を放棄して市場経済化を進め、改革・開放によってグローバル市場に組み込まれています。

小原：確かに、社会主義というシステム自体はその矛盾を露呈し、資本主義に敗北したと言えるね。ただ、**アジアの社会主義国家は社会主義の看板を掛けたまま、市場経済などの資本主義的手法を取り入れることによって、今日まで生き延びてきた。**その点では、北朝鮮にしたところで中国やベトナムのような経済改革に関心を持ち、その方向に進む可能性がないわけではないよ。

1990年代の北朝鮮は、冷戦が終結し、ソ連が崩壊したことで社会主義諸国からの援助が途絶えてしまい、自然災害もあいまって、飢饉や経済破綻に見舞われることとなった。当時、アメリカのクリントン政権は、核兵器開発を進めていた北朝鮮への軍事攻撃も考えたものの、北朝鮮の報復攻撃を受ける韓国の被害が甚大となるとの報告を受け、断念したが、実は軍事攻撃によらずとも北朝鮮の体制崩壊が近いという判断があったことも知られている。それほど、当時の北朝鮮は危機的状況にあったということだね。
しかし、その後北朝鮮では闇市場が急速に広がり、事実上の市場経済化が進んだ。統制経済が破綻するなかで、金正恩政権はベトナム型の経済改革を志向しているとも言われている。[31]

霞が関：そのことは、北朝鮮の核・ミサイル問題にどのように影響するのでしょうか。

小原：北朝鮮が非核化を本気で進めるなら、いずれ制裁も解除され、中国のみならず、韓国や日本との経済交流も始まるだろうね。問題は、金正恩が「宝剣」と呼ぶ核兵器を本当に放棄するかどうか。核兵器に代わるような「安全の保証」があるのか、あるいはそれをアメリカは提供できるのか。難題はたくさんある。非核化のゆくえは予断を許さない。

31　2019年1月の訪中時には、経済技術開発区も視察している。2018年3月の党中央委員会総会では、核開発と経済建設の「並進路線」から経済建設に集中する路線への転換を宣言した。

青山：経済ではアジアも含め市場経済が勝利したと言えますが、統治システムとしては中国も北朝鮮もベトナムも、依然として共産党一党支配の社会主義体制下にありますよね。つまり、西側は冷戦に勝利したけれど、それは主としてヨーロッパでの勝利であって、アジアでは民主主義は勝利していない。そうは言えませんか？

小原：アジアにおける民主化の動きは、成功した例もあれば、そうではない例もあって、どちらとも言えないんじゃないかな。たとえば東南アジアでは、経済発展によって中産階級が育ったことで、特にインドネシアなどで民主化が大きく進んだよね。

いっぽう中国では、文革後の改革への機運の高まりもあって、学生たちによる民主化運動が起きた（よく知られた「天安門事件」だ）けれど、これは失敗に終わったから、青山さんの指摘には一理あると言える。

しかしなぜ、中国の民主化運動は失敗に終わったのか。ここで、天安門事件を振り返ってみよう。

改革派の胡耀邦《こようほう》前総書記が亡くなったことを受け、始まった学生の民主化要求運動は、

1989年6月、全国から集まった学生たちによって占拠された天安門広場で最高潮に達した。

これに対し、当時の中国共産党指導部内には意見の対立が見られた。序列上は党のトップであった趙紫陽《ちょうしよう》総書記は自ら天安門広場に赴き、学生たちに説得を試みたものの、うまくいかず、天安門広場の占拠は続いた。

そのため、次第に李鵬《りほう》首相らの強硬論が優勢となり、最高権力者の鄧小平《とうしょうへい》の決断もあって、趙紫陽はすべての職を解かれ、自宅軟禁下に置かれた。

そして6月4日、武力鎮圧にいたる。このとき、「党の軍隊」であることを印象付けるかのように、人民解放軍が学生や市民らに発砲し、多数の死傷者が出る大惨事となった。

このとき中国は、下からの民主化運動に失敗して、上からの改革も、改革派の胡耀邦に次いで趙紫陽まで失脚したことで、大きく後退することになった。その後の中国のゆくえを見るかぎり、天安門事件は中国民主化への可能性を断ち切る転換点となったとも言える。

今日では、中国は共産党支配を強め、「強国・強軍」を目指して強大化するいっぽうだ。

アメリカではかつて、経済的に支援して中国が豊かになれば中国社会は自由化し民主化する、と期待し、いわゆる関与政策を続けたけれど、今、それは失敗に終わったという認識が広がり、かわって対中強硬論が高まっている。なかには、米中「新冷戦」の始まりだと指摘する専門家もいるくらいだ。

兜：しかし、天安門事件によって危機感を持った中国指導部は、上からの改革と開放を進めたのではなかったのですか？

小原：1992年に鄧小平は「南巡講話《なんじゅんこうわ》」を発表して、改革の加速を鮮明にした。けれどそれは、あくまでも経済改革であって、政治改革ではなかったんだ。ソ連のゴルバチョフ書記長が推し進めた政治改革運動である「ペレストロイカ」とは違って、共産党一党支配を堅持しつつ、市場経済化は積極的に進めるという路線を採ったわけだ。

この鄧小平路線によって、中国は再び高い経済成長軌道に戻った。その意味で、天安門事件をきっかけに、中国政府は西側の自由や民主といった価値への警戒感を強めるいっぽうで、経済的には改革・開放によって高い成長を持続し、国民生活を豊かにすることで共産党一党支配の正統性を確保することに成功してきたと言える。

以上、戦後の東アジア秩序を作ったふたつの大きな要因を確認したところで、今回のゼミはここまでにしよう。次回は、今回の議論を念頭に置きながら、北朝鮮の「正義」を理解するうえでの鍵となる「朝鮮半島の非核化」と「平和体制の構築」について詳しく見ていく。

なぜ、北朝鮮の非核化はこんなにも難航しているのか。その根底には、どんな問題が隠されているのか。歴史を丁寧に確認しながら、皆と考えていきたい。

第6回 まとめ

アジアの戦後秩序はどう作られ、変化したか

戦後の国際秩序はどのようにして生まれたか？

◎「冷戦」構造は、ヤルタ会談で生まれた。
◎東西両陣営は、核兵器による「恐怖の均衡」のもと、直接戦争を回避した。

中華人民共和国の誕生は何を変えたか？

◎冷戦構造を背景とした内戦の末、中国共産党が全土を支配し、アジアに社会主義大国が誕生した。
◎中国は2つの「熱戦」において社会主義陣営を支援し、その存続に寄与した。

なぜアジアの社会主義体制は崩壊しなかったのか？

◎民主主義陣営の勝利としての冷戦の終結が、アジアでは起きなかった。
◎中国は経済の改革と開放によって高い経済成長を実現し、体制の維持に成功した。

第7回

北朝鮮はなぜ核・ミサイルを手放さないのか

What To Think

考えること

「朝鮮半島の非核化」とは何か？

「平和体制の構築」とは何か？

北朝鮮が本当に求めているものとは？

小原：いよいよ今回は、戦後の朝鮮半島情勢について詳しく見ていく。

前回のゼミで確認してきたように、朝鮮半島が南北で分断されている背景には、ヤルタ会談での密約の存在がある。

朝鮮民主主義人民共和国（北朝鮮）が大韓民国（韓国）に攻め込む形で始まった朝鮮戦争は、1953年に休戦協定が結ばれたものの、完全に終結させるための平和協定はこれまで結ばれていない。つまり、**戦争は法的には終わっていない**ということだ。

今日、朝鮮半島情勢がこうも不安定である背景としては、この戦争状態をいまだに引きずっていることが大きいと言える。

当時、韓国は「アメリカ軍の撤退につながりかねない」と懸念して、休戦協定に署名しなかった。この韓国の懸念に配慮したアメリカは、休戦協定署名の3か月後、「米韓相互援助条約」を締結して、アメリカ軍を長く駐留させてきた。現在も3万人近いアメリカ軍が駐留している。

この在韓米軍の存在も、北朝鮮の言動を理解するうえで重要な鍵となるから、よく覚えておいてほしい。

「北朝鮮の非核化」と言わない理由

小原：さて、そうした経緯を踏まえて、あらためて考えてみよう。なぜ、北朝鮮はこれほどまでに核開発に執着しているのだろうか。

厚木：南北対立を引きずっているということを考えれば、韓国に対して優位に立つために必要だったから、ではないですか。

小原：それは大きいね。とりわけ、1989年に冷戦が終結し、1991年にソ連が崩壊すると、後ろ盾を失った北朝鮮は政治的にも経済的にもますます劣勢に立たされることになった。当時、社会主義の失敗と民主主義の勝利が世界的に喧伝されていたけれど、北朝鮮のGDPも韓国の2パーセントくらいしかなく、経済的立ち遅れは明らかだった。

そんな劣勢に立たされた北朝鮮が、では何によって韓国に対して優位に立てるかと考えたとき、朝鮮戦争後から開発に着手したとされる核・ミサイルしか残っていない、ということだったのだろうね。

実際、90年代の前半には、ＩＡＥＡ（国際原子力機関）の査察を拒否したり、核兵器不拡散条約（ＮＰＴ）からの脱退を宣言したりして、北朝鮮の核開発疑惑が一気に高まることとなった。いわゆる「**第1次核危機**」と呼ばれるものだね。

これに対してアメリカは、一時期は北朝鮮に対する軍事攻撃も検討したものの、南北対話や米朝交渉の結果、「朝鮮半島の非核化」で合意した。

青山：韓国は核兵器を持っていなかったわけですよね。なのになぜ、「北朝鮮の非核化」ではなく「朝鮮半島の非核化」と表現したのですか。それに、「非核化」という言葉はわかりにくいです。核の「放棄」または「廃棄」のほうが明確だと思うのですが。

小原：いいところに気がついたね。

当時のブッシュ（父）政権は、核保有を目指す北朝鮮との外交解決を目指し、１９９１年9月に発表した「一方的戦術核撤廃措置」に従って韓国に配備されていた戦術核も撤去した。その前後には、南北双方が朝鮮半島の非核化を宣言することを提案し合い、92年には「**朝鮮半島非核化共同宣言**」が発表された。この結果、朝鮮半島には一時的に核兵器は存在しなくなったんだ。

当時、交渉にあたったベーカー国務長官は「朝鮮半島の核問題」と表現したけれど、この言葉が使われた背景には、北朝鮮が核開発を進めたり、核物質・技術を拡散させたりすることへのアメリカの懸念があったと同時に、アメリカによる核の威嚇や核兵器持ち込みに対する北朝鮮の疑念を晴らすという意図があったと考えられる。

そうした懸念や疑念をすべてカバーするためには、「北朝鮮の核不拡散」や「北朝鮮の核廃棄／放棄」は適当な表現ではなかったんだね。その結果、「朝鮮半島の非核化」という言葉に落ち着いたんだ。

ちなみに、1994年の「米朝枠組み合意」でも、あるいは2005年の六か国協議の共同声明でも、「朝鮮半島の非核化」と明記されている。

青山：でも、「枠組み合意」や六者会合は非核化の実現に失敗したんですよね。それはなぜなのでしょうか。

小原：確かに、青山さんの言うとおり、クリントン政権が北朝鮮との間で結んだ「枠組み

図7-1 北朝鮮の核・ミサイル問題

時期	出来事
1993〜94年	第１次核危機【クリントン政権】 北朝鮮：NPT脱退意思表明 ➡カーター元大統領訪朝 ➡「米朝枠組み合意」：核開発の凍結・撤廃と軽水炉建設
1994年	金日成死去→金正日が最高指導者に 北朝鮮の核開発疑惑・ミサイル発射・軽水炉提供の遅れ
2003年	第２次核危機【ブッシュ政権】 ブッシュ大統領の「悪の枢軸」発言 ➡北朝鮮：原子炉再稼働・NPT脱退通告 ➡中国：北朝鮮に圧力伴う働きかけ ➡米中朝三者会合 ➡「六者会合」（〜08年）：一進一退。成果は05年共同声明（北は非核化とNPT復帰約束。米は北の安全を保障）
2006年	7月：弾道ミサイル発射 10月：最初の核実験➡中国も賛成し、国連安保理決議が採択される
2007年	六者会合で非核化合意 ⇨08年、米国が北朝鮮をテロ支援国家リストから除外
2009年	第2回核実験・ミサイル発射 ➡中国：「断固たる反対」表明　➡国連安保理制裁強化　➡六者会合瓦解
2010年	韓国軍艦沈没で北朝鮮非難、北朝鮮の砲撃に韓国も応酬
2011年	金正日死去。金正恩が最高指導者に
2012年	米朝合意⇨その後も北朝鮮の挑発は続き、アメリカや国連安保理による制裁の応酬が続く
2017年	北朝鮮：アメリカ本土にも届くICBM発射 ➡米朝間の緊張が極度に高まる。アメリカで武力行使の声も
2018年	2月：平昌オリンピックを機に対話局面に 6月：史上初の米朝首脳会談⇨南北首脳会談や中朝首脳会談も
2019年	第2回米朝首脳会談

合意」は、北朝鮮に核開発継続疑惑が持ち上がり、ミサイル発射という挑発行為に出たこともあって、暗礁に乗り上げてしまった。

それに、共和党が多数を占めた当時のアメリカ議会が非協力的だったこともあって、重油の供給や軽水炉の建設が遅延したことも影響したと見られる。アメリカと北朝鮮は、互いに合意を履行していないと非難しあって、挑発と制裁の応酬もなされた。

そして2001年、ブッシュ政権の誕生とともに合意は完全に崩壊した。

そうして米朝間の緊張が高まるなか、中国の働きかけによって2003年8月に立ち上がったのが、日本、アメリカ、中国、ロシア、韓国、北朝鮮による**六者会合**だ。

2005年の会合では、朝鮮半島の「非核化」と「平和体制の構築」を目指す共同声明が採択された。ここで合意された朝鮮半島の「非核化」と「平和体制の構築」は最近の米朝首脳会談でも取り入れられている言葉だ。

そこでは、**北朝鮮がすべての核兵器と核計画を放棄し、NPTに復帰すること、そしてアメリカには北朝鮮を攻撃する意図がないこと**なども確認された。

しかし、それにもかかわらず、北朝鮮はアメリカによる金融制裁などを理由にミサイルの発射実験や核実験を再開。２００９年以降は南北間で軍事衝突も発生した。

そうして六者会合は完全に行き詰りを見せる。２０１１年末に故・金正日の跡を継いだ金正恩委員長のもと、北朝鮮の核・ミサイル開発が加速。２０１７年11月にはアメリカ本土に届くＩＣＢＭ発射実験に成功したと発表した。

ここに至って、北朝鮮の核・ミサイルは韓国や日本を始めとするアメリカの同盟国の安全のみならず、アメリカ本土の安全にも直接の脅威を与えるまでになった。北朝鮮に対する国連安保理の制裁、およびアメリカの独自制裁や軍事的圧力も強まって、緊張はかつてなく高まった。

こうした危機のなか、２０１８年2月に韓国で開催された平昌オリンピックを契機として、米朝関係は一気に緊張から対話へと転換した。そして、6月には史上初めての米朝首脳会談が実現する。

ここでも、朝鮮半島の完全非核化と平和体制の構築が謳われたものの、そこでは、完全非核化の進め方や制裁の緩和など、双方が強く関心を寄せる問題に加えて、平和体制の構築（たとえば朝鮮戦争の終結宣言や平和条約など）の議論も出てきた。

図7-2　史上初の米朝首脳会談

2018年6月に行われた史上初の米朝首脳会談　©ZUMA Press/amanaimages

「約束」だけで平和は訪れない

小原：政治宣言に過ぎない終戦宣言はもちろん、拘束力ある平和条約が結ばれたとしても、北朝鮮の韓国に対する武力攻撃の可能性がゼロになるのかという疑問は残るし、同様に北朝鮮からしてみても、アメリカが北朝鮮を攻撃しないという保証が100パーセント得られたわけでもない。

その意味で、**平和条約という約束だけではなく、実際の行動でもって、アメリカと北朝鮮が相互の信頼を築き上げ、恒久的な平和体制を構築していくための努力が必要になる。**

そのためには、北朝鮮がすべての核・ミサイルを廃棄することはもちろんなのだけれど、ほかにはどんな行動が考えられるだろうか？

霞が関：北朝鮮と韓国の戦争状態が正式に終わるということは、戦争を理由に駐留させてきた在韓米軍もその役割を失うから、北朝鮮はその撤退を求めるでしょう。そうなると、アメリカは応じざるを得ないのではないでしょうか？

小原：そのとおり……と言いたいところだけど、そう簡単にはいかない事情がある。

平和条約を結ぶということは、アメリカは北朝鮮に対する「敵視政策」をやめることを意味する。つまり、外交関係をはじめとする正常な国家関係を北朝鮮との間で発展させるということ。したがって、朝鮮戦争後に締結された米韓相互援助条約に基づく在韓米軍の役割が大きく減じることは確かにそのとおりだ。

しかし、在韓米軍の駐留が北朝鮮の武力攻撃を念頭に置いたものだとしても、それが明示されているわけではない。「米韓相互防衛条約」では、**「外部からの武力攻撃」に対する防衛としか書かれていない。**つまり、**北朝鮮が放棄を求める「敵視政策」と表裏をなしているわけではないんだ。**したがって、休戦協定に代わる平和条約が結ばれたからといって、在韓米軍が駐留する理由がなくなるわけではないんだね。

青山：在韓米軍にはもうひとつ、「国連軍」としての顔がありますよね。国連加盟国の北朝鮮からすれば、北朝鮮を侵略者と非難した国連安保理決議によって派遣された国連軍が今も目と鼻の先に駐留しているというのは耐えられないことなのではないですか。

小原：そのとおり。米韓同盟関係の有無にかかわらず、1991年に国連に加盟している北朝鮮からすれば、「国連軍」の冠を被った在韓米軍の存在は納得できる話ではない。ソウルには司令部が今もなお解体されずに存在しているからね。

しかも、司令官は在韓米軍の司令官が兼務しているから、**国連軍といってもその実態は在韓米軍と言っていい。**もし北朝鮮と韓国が交戦状態になれば、駐留米軍が国連軍として再び北朝鮮軍と戦うことになる。

つまり、「錦の御旗」は韓国側にあるわけで、北朝鮮は国際社会から敵視されている状態といえる。**こうした国連との「異常な関係」は是正されるべきだというのが北朝鮮の立場で、これまでもそう主張してきた。したがって、平和条約が結ばれれば、国連軍はその役割を失って、撤退すべきだということになる。**

韓国との条約に基づく在韓米軍については、すでに指摘したとおり、国連軍の議論とは関係なく、駐留を続けることも可能だ。ただ、トランプ大統領などは、駐留経費負担を問題視して、その削減や撤退も口にしているから、アメリカの政治の行方に左右される面もあるだろうね。

厚木：在韓米軍を撤退させるとまでは行かなくとも、米韓合同軍事演習を行わないのもひとつの手ですよね。あるいは、軍事的圧力としてのアメリカ軍の活動、たとえば朝鮮半島周辺での戦略爆撃機や空母部隊の活動を控えるということも考えられます。

小原：北朝鮮側からすれば、**米韓合同軍事演習は「敵視政策」の最たるもの**だと言える。実際、北朝鮮はこれに強く反発してきた。中国もまた、北朝鮮の核実験やミサイル発射の停止とともに、米韓合同軍事演習の停止を提唱してきた。いわゆる「二つの停止」と言われるアプローチだ。

しかし、アメリカに言わせれば両者は性格の違う話であって、軍事演習は合法であり純粋に防衛的なもので、その停止は抑止力の低下を招いて紛争の危険を増す一方で、北朝鮮の核実験やミサイル発射はそもそも国際法上不法であるとして、この中国の提案を拒否していた。

小原：しかし、2018年に米朝首脳の対話が実現した要因のひとつとして、事実上、このふたつの停止が実現していたという状況があった。これによって米朝間の緊張はかなり和らいだ。もちろん、それを「北朝鮮への圧力の低下」と見て批判する声もあるけれど。

兜：北朝鮮を苦しめている経済制裁の緩和や撤廃も、北朝鮮にとっては大きな見返りとなるのではないでしょうか。

小原：そうだね。北朝鮮に対する経済制裁には、国連安保理による制裁と、各国が独自に課している制裁の二種類がある。前者の緩和や撤廃には、国連安保理で新たな決議を採択する必要がある。いっぽう後者については、特にアメリカの制裁が大きいのだけれど、米朝交渉の進展次第で見直しの可能性もあるだろうね。

「核の傘」をなくせるか

霞が関：将来の選択肢として、アメリカと韓国の同盟関係を見直すこともあるのでしょうか。アメリカの世界戦略だと言われても、北朝鮮にとっては隣国の背後にアメリカのような超大国がいること自体、不安でならないはずです。

小原：そうだね。**北朝鮮の理屈から言えば、北朝鮮がまさに「宝剣」だとして「安全の保証」の拠りどころとして位置づけてきた核兵器を捨てる以上は、当然ながら米韓側もそれ相応の措置を取るべきだ**ということになる。

「朝鮮半島の非核化」という文脈で考えれば、まず韓国に核兵器を持ち込まないこと、あるいは朝鮮半島とその周辺に随時展開する核攻撃の手段を用いないこと、そして何より、核兵器を持ち得る在韓米軍は撤退すること、などが挙げられるだろう。そしてそれらは実際、すでに北朝鮮が政府声明として発表しているものでもある。

でも、アメリカはそんな要求に応じられるだろうか？

青山：私は、「アメリカ第一」のトランプ大統領ならやりかねないと思います。同盟国がどうなろうと、本当のところは知ったことではない、と。

小原：それもそうだね（笑）。しかし、アメリカの「核の傘」という話になると、韓国の駐留米軍だけではなく、グアムにある戦略爆撃機[32]やアメリカ本土に配備されているICBMも含まれているから、もし北朝鮮の不安を完全に払拭しようとするなら、それらすべてを撤廃しないといけないということにもなりかねない。

しかし、アメリカのこうした軍事力は別に北朝鮮にだけ向けられたものではなくて、日本を含む同盟諸国の安全と、アメリカの世界戦略と直結しているものなんだ。したがって、**とても北朝鮮の非核化と取り引きできるようなものではない。**

厚木：アメリカと韓国の同盟関係が解消されないということは、アメリカの第7艦隊やグアムの戦略爆撃機はその気になればいつでも北朝鮮を攻撃できるということを意味するわけですよね。でも、それって、金正恩委員長からすればとうてい安心できないわけで、そうなると、非核化なんてとてもできた話ではないという結論になる気がします。

国際政治に「絶対」はない

小原：では、これまでの議論を踏まえたうえで、どのようなシナリオが最も現実的だと考えられるだろうか？

霞が関：北朝鮮の核兵器保有を認めるわけではないけれど、緊張を高めるような核実験やミサイル発射はせず、他方、アメリカも米韓合同軍事演習は行わない。そして、米朝は対話と交渉を続けていくというシナリオが、最も現実的で安定したものだと思います。

小原：確かに、そんなシナリオは、2017年の一触即発の緊張状態に比べれば、はるかに望ましいものだと言える。中国が「得難い状態だ」と評価したり、トランプ大統領が自らの「外交成果」だと自賛したりするのもあながち間違いではないね。

しかし、その間、いっぽうで経済制裁は続き、もういっぽうで核やミサイルの開発も続くなら、疑念や不満は増大し、いずれこのシナリオは不安定化するんじゃないだろうか。

青山：もうひとつの問題は、非核化が具体的に進まないと、北朝鮮の核保有が既成事実化

32　2018年10月に、戦略爆撃機全3機種（B–52、B–1、B–2）が初めてグアムに配備された。

していく恐れがあるということです。国際社会の核不拡散に向けての取り組みにも影響を与えかねません。核開発を進めていたイランのような国からすれば、北朝鮮のように核兵器を持ってしまえば勝ちなんだという認識を持つのではないでしょうか。

霞が関：同感です。なかなか手に入らなかったものがやっと手に入ったわけで、簡単には捨てられないでしょう。94年の枠組み合意のときの北朝鮮とは違って、手に入っていないものを諦めろというのと、手に入ったものを捨てろというのはまったく違うわけで、核の放棄への見返りや代価ははるかに大きくなっているはず。しかし、見返りが在韓米軍撤退や米韓同盟廃棄ということであれば、アメリカも応じるのは難しいのではないでしょうか。

小原：韓国の視点から考えてみるとどうだろう。北朝鮮が非核化して、朝鮮半島をめぐる情勢が平和で安全なものとなれば、平和条約の締結から朝鮮半島の統一も視野に入れた議論が高まるんじゃないかな。そのために政治的な動きをするリベラルな勢力も小さくはないよ。彼らから在韓米軍撤退の声が出てくることが考えられる。

霞が関：そうなると、韓国はアメリカの核の傘を離れるという選択をするわけですよね。でも、韓国は核兵器を保有していないから、たとえば北朝鮮と共に、中国の傘の下で平和共存を図る、なんてこともあり得るのでしょうか？

小原：国際政治に「絶対」はないから、ないとは断言できない。けれど、韓国の政治的価値や民族の独立や歴史に根差す感情などを考えると、その可能性は小さいと思う。それができるなら、すでに北朝鮮が中国の核の傘に入っていてもおかしくはないからね。でも、中国の属国化が進むような選択は北朝鮮も望まないだろうし、中国も自国の核政策から核の傘を提供することはなかった。

ただ、米中「新冷戦」が本格化するようなら、アジアの中小国は両大国の狭間で難しい選択を迫られることになる。**「自由」や「民主主義」といった価値よりも、経済的利益を優先して中国の懐に飛び込むような国が出てきても不思議ではない**と言える。

現に、カンボジアやラオスなど、中国の周辺国のなかには自国の安全と繁栄を中国に依存する国もある。フィリピンも、領土紛争を棚上げして経済援助を手に入れる形で、アメリカを離れて中国に接近した。

青山：歴史問題で日本との対立が目立つ韓国にも、そんな一面があるかもしれませんね。

小原：そうだね。北朝鮮にとっては、日米韓の連携が揺らぐほうが戦略的に有利で、外交上も安全保障上も望ましいと言える。中国は、北朝鮮との関係もあって一概には言えないけれど、韓国との協力は朝鮮半島をめぐる中国の立場を強くし、外交の幅を広げることにもつながると考えられる。

兜：韓国にとって、中国は経済的にも重要な国ですよね。中国の経済成長が続いて、その影響力がさらに増大すれば、朝鮮半島の平和と安定も中国の力のもとで維持されるようになる可能性もあるのではないですか？

小原：2017年、韓国は終末高高度ミサイル防衛システム（THAAD）を配備したけれど、これに中国は激しく反応して、韓国に対して厳しい経済的報復措置を取った。これによって韓国経済が受けた打撃は非常に大きなものだった。中国は、貿易・投資・観光の

図7-3　中国と周辺諸国

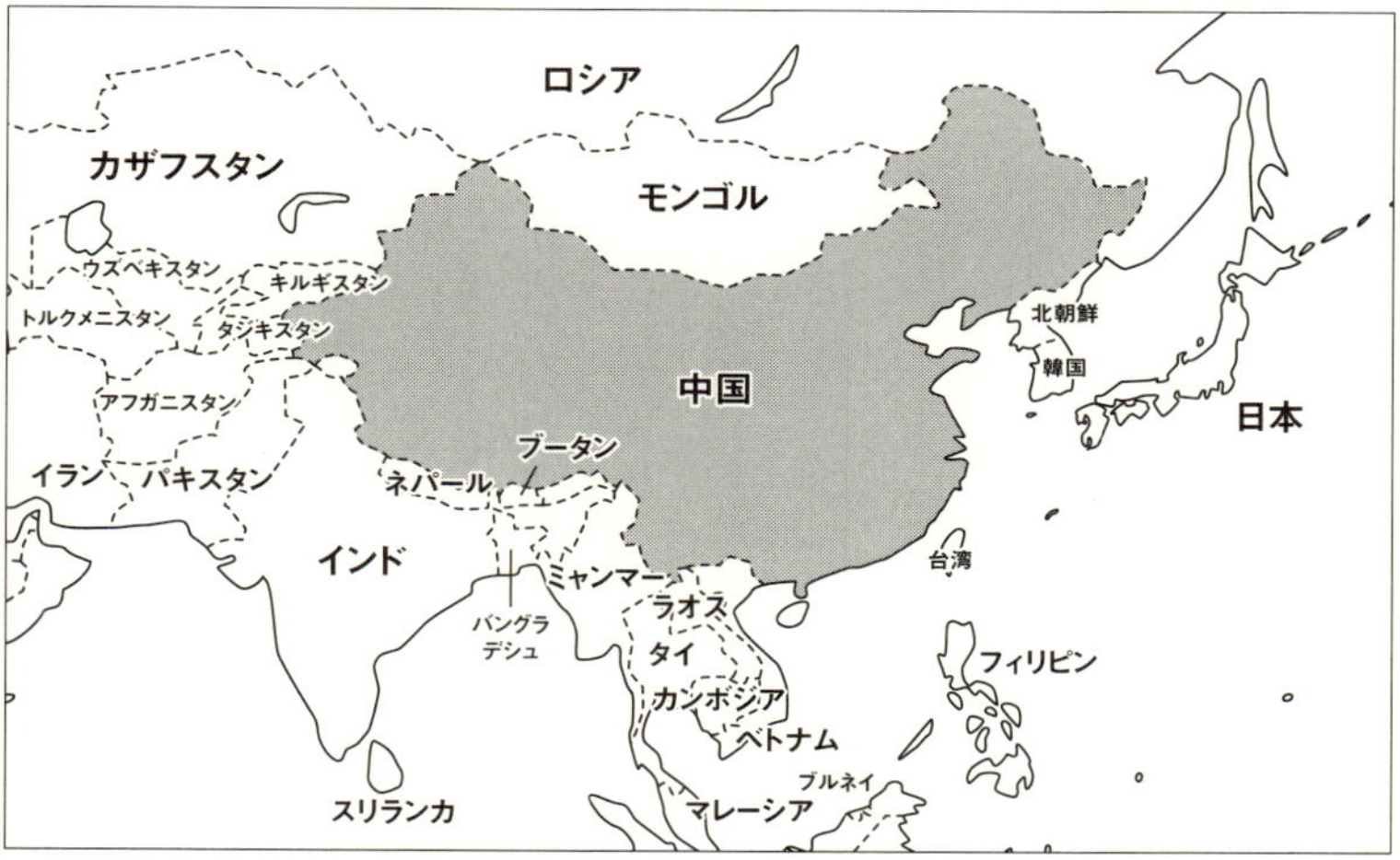

ロシア
カザフスタン
モンゴル
ウズベキスタン
キルギスタン
トルクメニスタン
タジキスタン
北朝鮮
韓国
中国
日本
アフガニスタン
ブータン
イラン
パキスタン
ネパール
台湾
インド
ミャンマー
ラオス
バングラデシュ
タイ
フィリピン
カンボジア
ベトナム
ブルネイ
スリランカ
マレーシア

いずれの面でも、韓国にとって最も重要なパートナーなのだから。だから、韓国としては中国を敵に回すわけにはいかないんだ。

大国の間で揺れ動いてきた朝鮮半島の人々は、いつの時代も、大国との関係が自らの生存や繁栄に大きな影響を与えてきたことを誰よりも理解している。**韓国と日本との関係が微妙であるように、中国と北朝鮮の関係も僕らが想像している以上に微妙なものなんだ。**かつて、朝鮮戦争をともに戦った国同士の「血盟」関係はもはや過去のもので、中国の報道官が表現するとおりの「普通の国と国の関係」になっている。

大きな転機となったのは、1991年の冷戦終結だ。そして翌1992年、中韓外交関係が樹立したことによって、中国と北朝鮮の関係は険悪化した。その後、関係改善の努力もなされたものの、2006年に北朝鮮が核実験を実施したことで、非核化を求める中国と北朝鮮との溝は決定的となってしまった。

2018年に入って、北朝鮮が非核化を表明し、金正恩委員長の訪中もあって関係は改善したものの、**北朝鮮は内心では、中国の影響力が強まるのを警戒しているし、中国も決**

して心を許してはいないようだ。

いっぽう韓国では、保守・リベラルの間でしばしば国論は割れているけれど、それでも民族の統一を後押しするナショナリズムは無視できない。僕は2017年末、北朝鮮の挑発とアメリカの軍事圧力によって緊張が高まった頃に韓国を訪れたことがあるけれど、そんななかでも南北統一をテーマとする大規模なシンポジウムが行われていて、とても驚いたのを憶えている。

北朝鮮が本当に求めていること

小原：その一方で、北朝鮮と中国は同じ社会主義体制の国家として、共闘できるという感情も持っている。金正恩にとっては、カダフィやフセインのような末路が自らにも訪れるのではないかという恐怖があり、中国共産党指導部にとっても、アメリカによる体制転覆への警戒感がある。

兜：14億もの国民を統治するのは至難の業です。貧富の格差や汚職腐敗への不満も強いと聞きます。少数民族問題もあります。中国の危機感は強いと思いますが、経済大国化による自信もあるのではないでしょうか。その意味では、体制転覆への恐怖は北朝鮮の方がはるかに大きいという気がします。

小原：ブッシュ（子）政権は、中東をはじめ世界を民主化するという目標を掲げて世界の民主化運動を陰に陽に支援した。中東民主化はイラク戦争で挫折したけれど、その後、前例のない広がりを見せた民主化運動である「アラブの春」が起きたことは皆もよく知っていると思う。

北朝鮮よりはるかに世界に対して開かれている中国でも、欧米の価値や反政府デモやSNSを警戒しているのは間違いない。そのいっぽうで、北朝鮮とは違って、経済の改革と開放によって高い経済成長を持続し、国民を豊かにすることで共産党統治の正統性を維持してきた。

特に、2008年に起きた世界金融危機によって民主主義諸国がのきなみ経済不振に陥るなか、「ひとり勝ち」のような経済成長を続けた中国は、その体制に自信さえ持つようになったのは確かだね。

これに対して、北朝鮮では経済困難が続き、韓国にも大きく後れを取った。核保有を「安全の保証」のほとんど唯一の拠り所としてきたけれど、そのことで世界から孤立し制裁も受けてきた。このままでは「じり貧」だ。これから30年、40年も国家を率いていかなくてはならない若い指導者にとって、核とミサイルだけでは心もとない。経済建設に集中する路線に転換した背景には、そうした不安や展望も去来したのではないかな。

以上が、僕の分析だ。以前のゼミで、個人を観察することの大切さを指摘したことは覚えているかな。ここからは、皆にも、金正恩にとっての「安全の保証」、すなわち「脅威の除去」について、想像力をかき立ててもらいたい。

「脅威」については、既に能力と意思というふたつの要素から議論してきた。ここでは、「外の脅威」と「内の脅威」に分けて考えてみてほしい。「外の脅威」とはこれまで話してきたような周辺諸国の軍事的な脅威であり、「内の脅威」とは、経済破綻や権力闘争や人民の暴動など、それによって体制が崩壊してしまうような脅威を指す。

厚木：それで言うと、北朝鮮はアメリカの「敵視政策」を「外の脅威」として問題にしてきました。

この「外の脅威」については、2018年6月の米朝首脳会談で「トランプ大統領は北朝鮮に安全の保証を与えることを約束し、金委員長は朝鮮半島の完全非核化への確固で揺るぎのない約束を再確認した」（傍点筆者）という共同声明が発表されましたよね。**ここで言う「安全の保証」とは、金正恩からすれば「敵視政策」をやめるということ、すなわち北朝鮮を攻撃しない、核の威嚇もしない、米韓合同軍事訓練はやめる、制裁も解除する、ということを意味する**と思います。

これらすべてが実現すれば、北朝鮮にとっては「外からの脅威」の大部分が取り除かれることになるでしょう。

霞が関：「外の脅威」については、アメリカのような敵対国が「敵視政策」をやめることによって解消されると思いますが、「内の脅威」についてはアメリカが保障することはできません。

中国のように経済的に目覚ましい発展を遂げてきた国でも、「内の脅威」という点では多くの矛盾や問題を抱えています。これは先生が指摘されたとおりですね。たとえば、習近平主席も、その前任の胡錦濤《こきんとう》主席も、腐敗の問題を解決できなければ、共産党も国家も滅んでしまうといった危機感を表明しています。

北朝鮮にとっては、制裁によって食糧やエネルギーの不足が深刻となり、工場も十分稼働していない厳しい経済状況が続いているのは、「キム王朝」を脅かす「内の脅威」だと言えます。

青山：金正恩は、まずはアメリカとの間で「外の脅威」を取り除いたうえで、海外の投資も呼び込み、経済開発を進めて「内の脅威」に対処したいと考えているのではないでしょうか。

日本も「他人ごと」ではいられない

小原：北朝鮮が核兵器を開発するのは「安全の保証」を得るためであるという仮説がもし正しければ、「外の脅威」をなくしてあげることによって、北朝鮮は核を放棄できるということになるね。

その場合、日本が考えなくてはならないのは、**北朝鮮が求める「外の脅威」を除去することが、アメリカの拡大核抑止や前方展開を含め、日本を取り巻く安全保障環境を大きく変える可能性がある**ということなんだ。

たとえば、2018年の米朝首脳会談後の記者会見で、トランプ大統領は将来の在韓米軍の本国帰還にも言及した。万が一そのようなことになれば、在日米軍の役割や日米安全保障体制にも影響が及ぶ可能性がある。

1970年代、アメリカがベトナムから撤退し、インドシナ情勢は大きく動いた。米中関係は劇的に改善し、東アジア、さらには世界の国際政治も大きく変化した。

朝鮮半島の非核化をめぐる議論のゆくえは、それ自体が大きな意味を持つと同時に、それがこの地域の安全保障環境や国際秩序にとっていかなる意味を持ち得るのかについても考える必要がある。

青山：もしも「安全の保証」という仮説が正しくなく、金正恩は絶対に核兵器を手放さないという仮説が正しいとなれば、どういう展開になるでしょうか。

小原：交渉で非核化を実現できないなら、金正恩政権を力ずくで倒すしかないということになる。つまり、北朝鮮への軍事オプションが浮上してくるわけなのだけれど、それをすればソウルは火の海となり、アメリカ軍が駐留する日本にも弾道ミサイルが飛来することになるだろうね。

兜：日本も韓国も北朝鮮への軍事オプションには反対でしょう。アメリカも同盟国の反対を押し切って武力行使はできないのではないですか。

小原：そういう側面がないとは言えないけれど、その可能性を残しておくことが北朝鮮への圧力となるんだ。軍事衝突は、北朝鮮の破壊につながり、金正恩政権の崩壊を意味する。金正恩も、アメリカが軍事オプションを取らざるを得ないような状況を作り出す気はないだろうね。

兜：彼にとってのベストなシナリオは、インドやパキスタンのように、事実上の核兵器国となるいっぽうで、経済的には中国やベトナムのような発展を実現することではないでしょうか。

厚木：軍事シナリオは日本にとって最悪ですが、このまま推移して北朝鮮が事実上の核保有国となってしまうのも困りますね。

小原：議論は尽きないね。皆が議論したように、北朝鮮の核・ミサイル問題には複雑で多様な要素が絡み合っている。日本として忘れてはならないのは、「対話と圧力」のバランス、日米韓の連携、申告と査察（検証）の大切さ、中国の役割、アメリカの拡大核抑止の信頼性維持などだ。非核化は決して容易ではない。第一次核危機から25年経っても解決しない問題だ。まさに外交の真価が問われている。

さて、今回のゼミはここまでとしよう。北朝鮮がなぜ核・ミサイルを手放そうとしないのか。その背景には、実にさまざまな問題が複雑に絡み合っているということが、見えてきたのではと思う。

次回は、以上の議論を踏まえて、「朝鮮半島の非核化」と「平和体制の構築」に向けて、交渉の当事者になったつもりで、米朝首脳会談を「実際に」やってもらうことにしよう。

第7回 まとめ

北朝鮮はなぜ核・ミサイルを手放さないのか

「朝鮮半島の非核化」とは何か？

◎「非核化」は、核の放棄のみならず、核不拡散や核開発など多様な概念を含む。理想的には「完全かつ検証可能で不可逆な非核化(CVID)」。
◎「北朝鮮」の非核化のみならず、在韓米軍や核の傘や核の威嚇なども問題となる。

「平和体制の構築」とは何か？

◎北朝鮮は、非核化の見返りに、米韓合同軍事演習の停止、制裁の緩和、平和条約の締結、在韓米軍の撤退などを求める。
◎「平和体制」構築は、地域の安全保障環境を大きく変える可能性を秘める。

北朝鮮が本当に求めているものとは？

◎核・ミサイルに代わる「安全の保証」を与えられるか。
◎「外の脅威」と「内の脅威」は取り除けるか。

第8回

模擬交渉：米朝会談を「実際に」やってみる

What To Think
考えること

交渉とは何か？

交渉を有利に進めるには何が必要か？

何が交渉の成否を決めるのか？

交渉の本質とは何か

小原：今回は、いよいよ北朝鮮の核・ミサイル問題をめぐる米朝首脳会談を皆に再現してもらう。ふたつのチームに分かれて、ひとつのチームはトランプ大統領、もうひとつのチームは金正恩委員長を演じる。それぞれ、本人になりきったつもりで交渉に臨んでほしい。

模擬交渉を始めるにあたってまず、交渉において注意すべき心構えや留意点を話しておこう。

「交渉」は、なにも米朝会談のような外交交渉に限らず、政治やビジネスのような場面でも通常行われているものだ。皆も、これまでさまざまな交渉をした経験があるのではないかな。

たとえば兜くん、特に記憶に残っている交渉はある？

兜：そうですね……高校生のときに、大学に行かせてほしいと親と交渉したことはよく覚えています。

小原：それはつまり、大学進学を反対されていたということ？

兜：いいえ、もう少し正確に言うと、一度不合格になった大学に何としても入りたかったので、一年間浪人させてほしいと頼んだのです。当然ながら親には経済的負担をかけるので、なぜ浪人してまでひとつの大学を目指すのか、もっと現実的に考えて合格する可能性の高い大学に変えないのはなぜなのか、親を説得する必要がありました。

小原：なるほど。いま兜くんが話してくれたエピソードは、交渉の本質をよく表しているように思う。つまり、**交渉の本質とは、相手がいて、その相手から「同意」を取りつけることなんだ**。そしてそのためには、相手を説得して、納得してもらう必要がある。

同意の中身はいろいろとあるけれど、その同意によって現状が変化する場合、その変化が自分だけでなく相手にとっても好ましいものでなければ、同意を取り付けることは難しい。

そして、交渉の相手が1人から2人、3人へと増えていくにつれ、同意は取りづらく、交渉はより複雑になっていく。それでも、交渉の参加者全員が「失うものはあるが、得るものもあり、かつそれが大きそうだ」と思える提案がなされれば、合意が成立する可能性は十分にある。[33] また、相互に譲歩し合うことで交渉前より望ましい状況を作り出せるなら、合意は可能だ。

その意味で、**交渉における合意は妥協の産物**だと言われる。貿易交渉はその典型だ。農業分野で損をしても、工業分野でそれ以上に得をするなら、そのパッケージには同意できよう。もちろん、国内対策は必要だが。ウィン・ウィンの合意案を生み出す交渉プロセスには交渉の要諦が詰まっている。

一方、力ずくで有無を言わせず同意させ、合意を作り出すケースもある。それは交渉というよりは強制と言ったほうがいいかもしれない。国際政治は権力政治とも言われ、大国が小国に対して軍事力や経済力を背景に同意を迫ることも珍しくはない。「圧力を伴う交渉」、または「力による外交」などと言われるものがこれだ。

しかし、**威嚇や強制によって生まれる合意は、持続し得ない。**強制される国家の内部から反発や無視が生まれるからだ。

したがって、**外交交渉において大切なのは、互いに負け、互いに勝つということ。**つまり、バランスの取れた相互主義を目指すということだ。取りたいものが100あるとして、互いに100を求めれば交渉は妥結しない。しかしもし、双方がそれぞれ50を諦めることで、互いに50ずつ取り合うことができ、そこで満足できるなら、合意は成立するはずだ。

言い換えれば、**「合意は得になる」と相手に思わせることが交渉のカギを握る**ということ。そのためには、ただ一方的に相手に要求するだけではなくて、ときには自ら譲歩するということも必要になる。

「譲歩」はまた、外交における重要なアクションのひとつでもある。もちろん、いきなり譲歩するのは得策とは言えない。その前に、譲歩をする「用意がある」ことを相手に示し、相手の譲歩を促すという戦術も存在する。

実際に譲歩をするとしても、最大限効果的な譲歩をするためには、どの局面でどんな譲

33 編注：同意とは「他人の行為に賛成の意思を表示すること」（有斐閣 法律用語辞典 第4版）であり、合意とは「当事者の全員の意思が一致（合致）すること」（同）という違いがある。

歩をするか、場合によっては譲歩をしないでもう少し頑張るか、戦術的な判断が求められる。[34]この**要求と譲歩のダイナミックな組み合わせ、それが交渉の戦術になる**というわけなんだ。

厚木：そういえば小さい頃、親におもちゃを買ってほしくて、子どもなりに戦術を練ったことがあります。

小原：さすが厚木くん（笑）。どんな戦術だったか、覚えているかな？

厚木：最初、一番大きくて値段の高いガンダムの前に行って、すごく欲しそうな顔をしながら立ち尽くしたんです。すると「そんなもの買えるわけないでしょう」と親に無視されたんですが、その後で小さいガンダムを持ってきて、「これならいいでしょう」とばかりにいじらしく唇を噛みながら見せた。そうしたら、すんなり買ってもらえたんですね（笑）。いまから思えば、いきなり小さいガンダムをねだってもダメだとわかっていたから、あえて譲歩する姿勢を見せることで相手の譲歩を引き出したのですね。

小原：大人顔負けの戦術だ（笑）。実際、トランプ大統領の交渉術もそれによく似ていると言われる。彼は、皆もよく知ってのとおりビジネスの世界で成功したという強い自信を持っていて、自分のことを「ディールの神様」だと自賛する。彼の持論は、「高くふっかけて、がんがん攻めて、その半分くらいは確実に取る」。まさに厚木くんと同じ戦術だ（笑）。ただまあ、それが可能なのも、不動産王・トランプもアメリカ合衆国大統領・トランプも、相手を圧倒するだけの力を背景に交渉に臨むことができるから、なのだけれどね。

譲歩は使い方によっては相手を助長させ、さらなる要求を招いてしまう恐れもあるから注意が必要だということも付け加えておこう。

34 国内世論も念頭に置くなら、相手に部分的な勝利を与える対価として、国内の支持が得られるような合意が得られるのであれば、部分的譲歩は戦術的に有用だ。

交渉を有利に進める4つのテクニック

小原：さて、以上のような心構えを踏まえたうえで、交渉のテクニックについて、僕の経験も交えながら4つほど、話しておこう。

第一に、**「イエス」と「ノー」の使い分けのテクニック**がある。

たとえば、全体的な勝利よりも部分的な勝利を相手に与えることによって、全体の合意をまとめ上げ、自らの利益も確保するというのが戦略のひとつだ。ウィン・ウィンを実現できれば、交渉は成功し、合意が持続する可能性は高くなる。そうするためには全局を俯瞰し、局面ごとに自らの政策や利益の優先順位を踏まえて「イエス」と「ノー」を使い分ける必要がある。

では、「イエス」と「ノー」のそれぞれを、どのように使い分けていくべきか。

まず「イエス」について言えば、**「イエス」は多くの場合、相手の要求を飲むことを意味する。**そしてそのとき、**どういうタイミングでどういう要求を飲むか**が重要となる。相手が国内でいまどういう立場にあるか、あるいはどのような面子を保とうとしているか、といったことを考え、戦術的に交渉していくのだ。

また、「イエス」はタダではないということも忘れてはならない。**交渉においては、「イエス」は必ず取引を伴う。**「イエス」はお互いが譲歩しつつ、利益を増やすことによって合意を生むためのものなのだ。

交渉を前に向けて動かすという意味で、「イエス」は積極的な戦術として位置づけられる。そうした特性を生かして「イエス」を適切に用い、合意の実現に向けた積極姿勢を印象づけることができれば、いわば「共同作業」のような場の雰囲気を作り出すこともできる。

そして次に、「ノー」について。日本人にとってはなかなか難しいところなのだけれど、大事なのは**「ノー」と言う場合には明確に「ノー」と言わなければならない**ということ。そうしないと、誤解や無用の期待を生み、トラブルの元になりかねないからね。

「ノー」は終わり、そこで交渉は分裂すると思われがちだが、決してそんなことはない。むしろ、交渉のスタートになることもよくある。一種の仕切り直しだ。互いに交渉の立場を見直し、新たな立場でそれまでの行き詰まりを突破するためにもまた、「ノー」は有効なんだ。

たとえば、自分の後ろに控えている国内世論のことを考えて、説明のつかない妥協はしないぞと、テーブルを蹴って立ち去る「ノー」がある。なかなかの勇気が必要だし、ときには演技力も試される「ノー」だ。まあ、霞が関さんは上手そうだけれどね（笑）。

霞が関：はい。いえ、「ノー」です（笑）。

小原：このとき、もしテーブルを蹴ったとしても、その時点で相手が実は交渉をまとめたいと思っていれば、「ちょっと待ってくれ」というような譲歩の反応を引き出すこともできるんだ。

僕もかつて、ある条約交渉で「これではとてもまとまらない」という難局に陥った際、思い切って「日本の代表団は明日帰国する」と伝えたことがある。すると、夜中になって先方から連絡があり、「明日もう一度やりたい」と言ってきた。その翌日、協議会場に顔を出すやいなや先方から譲歩案が出てきて、交渉が一気にまとまってしまったんだ。

もちろん単なるはったりは考え物だけれど、**交渉が行き詰まったときには、交渉を次に**

図8-1　イエスとノー

YES

- **相手の要求を飲むことを意味する**
  - ⇨ どういうタイミングで飲むかが重要。
- **必ず「取り引き」を伴う**
  - ⇨ お互いが譲歩しつつ、利益を増やすことによって合意を生む。
- **交渉を前に向けて動かす＝積極的な戦術**
  - ⇨ 「共同作業」の意識を作り出すことができる。

NO

- **明確に「ノー」と言わなければならない**
  - ⇨ 誤解や無用の期待を生み、トラブルの元になりかねない。
- **交渉の決裂ではなく、一種の仕切り直し**
  - ⇨ 互いに交渉の立場を見直し、新たな立場でそれまでの行き詰まりを突破することができる。

つなげる余地を残した上で明確に「ノー」と言うことも、ときには必要だということだね。

第二のテクニックは**「質問」**だ。自らの立場を主張することは交渉の基本中の基本だが、相手に質問することもそれと同じぐらい重要だ。

たとえば、相手の主張や反応を確認するように繰り返し、質問することで、暗に相手の譲歩や柔軟な対応を促すことができる。また、質問をすることによって相手の本音や動機を探り、相手国の政治や経済の状況などについて情報を収集することもできる。そうした情報が得られれば、状況を打開する代替案を見つけることにもつながるだろう。

そして第三のテクニックは「**事前の信頼関係の構築**」だ。もし、交渉者が相手を「嘘つきだ」とか「嫌いだ」と思っているなら、合意にいたるのは難しいよね。人間的な信頼関係をどう構築するか。交渉者同士の信頼感や親近感を戦術的に深めることが求められる。

たとえば、交渉の合間の食事の時間や休憩の時間を使って、プライベートな会話をしたりして、積極的に親しくコミュニケーションする。外交官にとっては、駐在する国の政府や議会、メディアやシンクタンクなどの関係者と個人的な絆を強めることも、とても重要な任務なんだ。そのためには、定期的に食事をしたり、日本文化を紹介するイベントに招いたりする。

そして最後、第四のテクニックとして挙げておきたいのが「**言葉**」だ。要するに、**交渉を何語でやるのか**ということ。

たとえば今回模擬交渉してもらう米朝首脳会談のようなケースでは、双方の首脳がそれぞれ母国語である英語と朝鮮語で話し、それを通訳が相手国の言語に逐語訳するというのが一般的だ。

このとき、通訳を介することで、その発言を聴いている相手の反応に注意を向けたり、通訳している間に次の発言を考えたりする時間的余裕ができるというメリットがある。

ただし通訳を使う場合、**通訳の精度が交渉のゆくえに大きな影響を与える場合がある**ということを、忘れてはいけない。どんなに論理的で説得力のある発言をしても、それを通訳がうまく訳せなければ意味はないんだ。

言葉の背景にはその言葉が生まれた文化があり、通訳は言葉の微妙な含意に悩まされるもの。特に、漢字文化圏の日中間においては、同じ漢字でもその意味が異なる場合が少な

図8-2　交渉の心構えと4つのテクニック

交渉の心構え：
「合意は妥協の産物」
→要求と譲歩のダイナミックな組み合わせを考える

交渉の4つのテクニック

1 イエスとノーの使い分け	**2** 効果的な質問
3 事前の信頼関係の構築	**4** 交渉に用いる言語の選択

くないから、予期せぬ誤解を招いてしまうことがある。

有名なのは、1972年の日中国交正常化交渉の際、当時の田中角栄首相が「わが国が中国国民に対して多大なご迷惑をかけたことについて、私は改めて深い反省の念を表明するものであります」と発言したときのこと。日本側の通訳が「多大なご迷惑をかけた」を「添了麻煩（ご迷惑をおかけした）」と訳してしまったため、習近平は「そんなもの到底受け入れられない！」と怒り出してしまったんだ。

でも、僕から見ればこれは日本語をできる限り忠実に訳した中国語であって、通訳に責任を負わせるのは酷というもの。原因は日本語そのものにあると見るべきだが、それにしてもこの「多大なご迷惑」という表現は通訳泣かせもはなはだしいね。[35]

35 なお、特に中国との交渉においては、相手の面子を考慮することが欠かせない。2012年、尖閣諸島の「国有化」の際には、中国全土で反日デモが巻き起こるなど、中国側の激しい反発があった。その背景には、国際会議の場での立ち話で、胡錦濤国家主席が野田首相に対し、「島の購入に断固反対する」と強く釘を刺したにもかかわらず、その二日後に国有化の閣議決定を行ったという経緯がある。この日本の対応が胡錦濤国家主席の面子をつぶしたというわけだ。交渉には、いわば「人間と人間のぶつかり合い」のような側面があって、相手の立場も考えながら、言葉と論理を駆使しつつ、落としどころを探っていかなければならない。

アメリカと北朝鮮、それぞれの要求とカード

小原：以上のような心構えとテクニックを踏まえて、いよいよ皆に米朝模擬交渉をやってもらうわけだが、その前に、アメリカと北朝鮮、それぞれが手にするカードを改めて確認しておこう。それをどういうタイミングで、どれだけ切るか。相手の反応も見ながら交渉に臨んでもらうことになるから、よく聞いていてほしい。

まず、アメリカのトランプ大統領の要求は「**朝鮮半島の非核化**」だ。そのためには、北朝鮮が「CVID（完全かつ検証可能で不可逆的な非核化）」に同意し、そのための具体的行動を取る必要がある。これを北朝鮮の金正恩委員長から引き出すために、**経済制裁の緩和や撤廃**、**在韓米軍の縮小や撤退**といったカードが手元にはある。

これに対し、金正恩委員長の要求は、米韓合同軍事演習の中止、制裁の緩和や撤廃、「**安全の保証**」「**平和体制の構築**」だ。朝鮮半島では、法的には朝鮮戦争がまだ続いている状態。「平和体制の構築」には、朝鮮戦争後に結ばれた休戦協定を**平和条約**に転換すると

いうことも含まれている。

そして、それとのパッケージとして北朝鮮が持っているのが、ほかでもない「**非核化**」というカードだ。これを求めるアメリカにどこまで応じるか。仮に応じるとしても、どういうプロセスで非核化を進めていくのかも交渉したいところ。一気に進めるのか、それとも、アメリカ側のカード（これを北朝鮮は「相応の措置」と言う）を少しずつ引き出しながら段階的に進めるのか。

北朝鮮はこれまで、このあたりの戦術を相当に練ってきたはず。そして最終的には、朝鮮半島を巡る状況を北朝鮮にとって少しでも有利にしたいと考えているだろう。

北朝鮮がアメリカに求める「相応の措置」は、さまざまな影響を引き起こす可能性があるということは前回のゼミで議論したとおり。もし在韓米軍が撤退すれば、北東アジアの安全保障環境は劇的に変化しかねない。当然、アメリカとしてはそのあたりも考慮に入れて慎重に交渉する必要がある。

補足として、交渉相手が一カ国なのか、それとも複数（たとえば六者会合）なのか、はたまた、相手のレベルは首脳か実務者かなどによって、交渉の戦術は変わってくる。今回

図8-3　米朝の要求

米朝交渉：それぞれの要求

アメリカ	北朝鮮
● 核実験・弾道ミサイル発射の停止	● 米韓合同軍事演習の停止 ● 経済制裁の緩和・撤廃 ● 人道支援・経済協力
（米朝共同声明の）「朝鮮半島の非核化」 ● 「（北朝鮮の）完全、検証可能、不可逆の非核化」 ● 核兵器・核物質・関連施設の申告・廃棄 ● IAEAや米国専門家による査察 ● 核開発計画（要員は？）の撤廃	**（米朝共同声明の）「平和体制の構築」** ● 平壌連絡事務所開設 ● 休戦協定の平和条約への転換 ● 外交関係樹立（大使館設置） ● 在韓米軍の削減・撤退 ● 核威嚇せず、「核の傘」も終了
● 生物・化学兵器やサイバー攻撃は？	

は二国間の首脳同士の会談だから、実務的な交渉というより、それぞれの内政を意識し、自らの面子を重んじるパフォーマンス的な要素の強い交渉になるだろう。

また、**相手が信用できるかどうか**も、交渉においては重要なポイントとなる。アメリカからすれば、これまで北朝鮮と交わしてきた合意は幾度も破られてきたため、北朝鮮に対しては強い不信感があるだろう。代表的なのが、94年にアメリカと北朝鮮が取り交わした米朝枠組み合意だ。これは、2002年に北朝鮮の核開発疑惑が発覚したことで崩壊している。

しかし、完全な申告や検証を含めた合意とロードマップができれば、北朝鮮が合意内容に反する可能性は低くなるから、アメリカ側が不信感を乗り超えて、合意が成立することは十分考えられる。合意が双方にとって現状より望ましい状況を作り出すのであれば、米朝間でも持続的な合意を作り出すことは不可能ではないのだ。

さて、僕からのアドバイスはこれぐらいにしておこう。交渉は、どれだけ事前に計画を練ったところで、蓋を開けたら予想外の展開になることなど日常茶飯事。特にワンマンな権力者の会談だ。事前のシナリオを覆すような即興の取引が出てくる可能性は十分に考えられる。

それでは、皆、トランプチームと金正恩チームに分かれて、非核化の模擬交渉を始めてもらおう。僕はあくまで黒子に徹するから、それぞれ、トランプ大統領と金正恩委員長になったつもりで、真剣に交渉に臨み、発言してほしい。

まず、トランプ大統領から口火を切ってもらうことにしよう。

米朝模擬交渉スタート

トランプ：本日は、世界が見守るなか、こうして貴委員長と交渉の席に就くことができて嬉しく思う。朝鮮半島の非核化に向けて、ぜひとも忌憚のない会談を行いたい。

まず申し上げたいのは、貴国の核・ミサイル開発が、国連安保理決議に違反し、北東アジアの平和と安定のみならず、世界の平和と安定をも脅かすものであり、アメリカとしては看過し得ないということだ。貴委員長には、非核化に向けての強い意思を世界に表明し、それを実行に移してもらいたい。そうすれば、わが国は制裁解除に向けて動く用意がある。朝鮮半島の平和体制構築についても協力できる。わたしは、過去の大統領が犯したような失敗は絶対に繰り返さない。

なお、非核化については、アメリカとして「完全かつ検証可能で不可逆的な非核化（CVID）」を求める。

小原：実際のトランプ大統領は会談後、ツイッターで「金正恩委員長と恋に落ちた」とツイートしていたけれど、ここでは最初から強い姿勢に出ているようだ。

金正恩はどう出るだろうか。ちなみに、「非核化」という漠然とした言葉をきちんと定義したのはすごくいいね。

金正恩：いや、わが国の核開発は国際的脅威などではない。貴国の核の威嚇を受けている以上、国を守り人民を守るために核開発をするのは正当な権利だ。過去の交渉では、貴国が敵視政策をやめると言うからこちらも非核化を約束したが、貴国はその約束を守らなかったではないか。貴国は誠意を見せるべきだ。それが見られないのは遺憾だ。わが国が完全非核化を進めるか否かは貴国の誠意にかかっている。

トランプ：わが国としては、貴国が核を保有していることだけでなく、「ソウルを火の海にする」などと威嚇をしていることも問題視している。わが国の同盟国である韓国にとっては重大な脅威だ。それに、貴国の核・ミサイル開発はそもそも国連安保理決議に違反している。まずは貴国が非核化するのが先であって、それを求めるのは正当な権利だ。

貴国こそ、合意を結んでも度々それを破ってきた。約束が守られるかどうか、国際社会が強い不信感を抱くのも当然であり、貴国は約束を言葉ではなく行動で示すべきだ。

金正恩：完全非核化はする。しかし、何の見返りもないままわが国が一方的に非核化に応じれば、核開発のために窮乏に耐えてきた我が国の人民は憤激するだろう。

小原：国民が許さないとは独裁者らしくないな（笑）。しかし、アメリカに通じるロジックを持ち出してゆさぶりをかけるのは決して不味い手ではない。

トランプ：非核化すれば、貴国には世界からカネやヒトやモノが流れ込むだろう。何も核開発に頼らずとも、中国やベトナムのように経済の改革と開放によって国民の生活を向上させることができよう。そうすれば、おのずと国民の支持も得られよう。

金正恩：わが国は貴国の核・ミサイルの威嚇を受けてきた。国家を守り、人民を守るため、核保有国となり、ＩＣＢＭも開発して、貴国に対する核抑止力を手にした。安全なくしては何も始まらない。今ようやくにして経済に着手できるのだ。これからは、あなたに言われるまでもなく経済建設に集中するつもりだ。

せっかくの機会なので、腹を割って話したい。わたしは正直、あなたが羨ましいのだ。世界最大の軍事力と核・ミサイル兵器を持つ貴国は、さぞや安全だろう。あなたはわが国の視点で世界地図を眺めたことがあるか？　後ろには中国とロシアがいて、前には韓国、そして日本がいて、その背後に貴国が控えている。わが国がどれだけ危険な地政学的位置に置かれているか、想像したことがあるか。

正直、わたしは夜も眠れないほど不安だ。あなたもわたしの立場にあれば、そんな不安を覚えるに違いない。核・ミサイルは国家の安全を保証するものであり、わたし自身の安全の拠りどころなのだ。それを放棄しろと要求するのなら、核・ミサイルに代わる安全の保証を約束してもらわないことには非核化など到底受け入れられない。

繰り返すが、わが国の核とミサイルは他国の安全を脅かすためのものではない。自らの安全がほしいだけなのだ。国民の安全を守る責務のあるあなたには、わたしの立場を理解できるはずだ。

小原：核心を突いてきたね。さて、トランプ大統領はどう受ける？　安全の保証を与えるか？　これは「悪人」論を取って、参りましたと音を上げるまで最大限

の圧力をかけ続けるか、あるいは「弱者」論に立って、核に頼る必要のない平和体制を構築し、経済制裁を解除し、経済支援を行うことで北朝鮮を軍事路線から経済建設路線に導いていくのかという政策選択の議論でもある。金正恩からすれば、悪人論で攻め立てられればいよいよ核やミサイルは手放せないとの強迫観念に襲われるかもしれない。トランプからすれば、弱者論を受け入れればまた騙されるのではないか、カネだけとられて核ミサイルは手放さないのではないかとの不信に付きまとわれるかもしれない。さあ、どうするか？

トランプ：貴国にとって中国とロシアは脅威ではなく、むしろ友邦だろう。朝鮮戦争では毛沢東は息子を戦死させているし、血盟関係にあったのではないか。その証拠に、わたしとの会談と前後して、あなたは何度も中国の習近平国家主席に会いに行っている。中国に後ろ盾になってもらっている。違うか？

小原：中朝関係は微妙なところだ。アメリカを睨んだ便宜的提携の様相が強く、依然として相互不信は強いだろうからね。大国の対立を利用したしたたかな外交

を展開してきた北朝鮮だから、さあ、ここが金正恩の歌舞伎役者としての見せ場になるよ。

金正恩：中国が脅威か脅威でないか、正直に言えばグレーだ。ここだけの話、わたしは中国も習近平も信用していない。中国とは、1961年に調印した「朝中友好協力相互援助条約」があって、同盟関係を結んでいるはずなのだが、残念ながらこの条約はほぼ死文化している。したがって、日本や韓国のように核の傘の恩恵に与ることもできない。自分の国は自分で守るほかないのだ。まあ、貴国が守ってくれるというなら話は別だが。
わたしは、初めてアメリカ大統領としてわたしを対等に遇し、これほど長い時間会談を持ってくれるあなたを尊敬している。また、あなたを信頼もしており、あなたに協力して朝鮮半島の非核化実現に向けて汗を流したいと思っている。そのためにも、この弱く貧しい国家に救いの手を差し伸べてほしい。

トランプ：うーん……。率直な話をありがとう。

（チーム内で「騙されちゃいかんぞ」との声も上がる）

小原：ほめ殺しだね。トランプ大統領には効くよ。

トランプ：わたしは貴委員長とは相性がいいようだ。わたしたちは合意を結べると思う。

金正恩：もうひとつ、わが国にとって在韓米軍の存在も大きな不安の種だ。隣国に配備された3万人近くの強力なアメリカ軍の存在は、わが国にとって脅威である。貴国は、「韓国軍との合同軍事演習は北朝鮮の侵略に対する抑止力の維持に必要だ」と言っているが、目と鼻の先で大規模な演習が行われれば、それがわが国にとって直接の脅威となることは明らかだろう。しかも、在韓米軍には戦術核兵器も配備されているとわたしは見ている。

こうした敵視政策を止めていただければ、わが国が核兵器を持つ必要はないのだ。わたしはまだ若く、この先何十年もこの国の指導者であり続ける。実のところ、核兵器などよりも経済繁栄がほしいのだ。そして、朝鮮半島の平和と安定もだ。できれば、わたしの目の黒いうちに半島の統一が実現することを願っている。

あなたは、そうした夢を実現させる力を持っているし、これまでのアメリカ大統領とは違う偉大な指導者だ。合意を成立させ、平和を実現し、ノーベル平和賞を取っていただきたい。

トランプ：ありがとう。ノーベル平和賞、取りたいものだ。いや、オバマでさえ取れたのだから、わたしにも取れるはずだ。そうだな、朝鮮半島の平和体制の構築に努力しよう。あなたは韓国にわが国の戦術核兵器があると疑っているが、ブッシュ（父）大統領時代に撤去して以来、在韓米軍に核兵器は配備されていない。これはわたしが保証する。

金正恩：しかし、原子力潜水艦やグアムの戦略爆撃機には核兵器が積まれているだろう。あなたには、わたしの不安、人民の不安が理解できるはずだ。あなたにはぜひとも2期8年、アメリカ大統領を続けてほしい。そうすれば、朝米関係は発展し、朝鮮半島には平和が訪れるだろう。しかし、その後の大統領が約束を破り、核による威嚇をしてくるかもしれない。実際、北朝鮮が核兵器やＩＣＢＭを捨てたとしても、貴国は核兵器もＩＣＢＭも持ち続けるだろう。大統領が代わっても北朝鮮を攻撃しないという保証をどう与えてくれるのか。

トランプ：それでは、まずわが国が終戦宣言をするのはどうだろう？　その後で、中国や韓国も入れて平和条約を締結する。そうすれば貴国は、わが国の攻撃対象から完全に外れることになるから、その間に非核化を進めるとよいのではないか。

金正恩：繰り返すが、貴国が敵視政策を止めていただくのが最初だ。そうして安全の保証が確認されて初めて、わが国も核兵器やミサイルを捨てることができる。わたし自身はあなたを信頼しているが、わが国の軍部には「銃を捨てた途端にずどんとやられてはたまらない」と反対する意見が少なくない。ここに来る前も、軍幹部たちから「核兵器は放棄しないでほしい」との嘆願書が寄せられた。簡単には捨てられない。彼らに見返りを見せてやる必要がある。

したがって、中国やロシアも支持しているように、朝鮮半島の非核化と平和体制の構築を「段階的かつ共同歩調の措置」によって進めることとしてはどうか？　いずれにせよ、非核化には長い時間と費用と人員が必要で、それは忍耐を伴う作業だ。

トランプ：その場合、検証も必要だ。費用や専門家はこちらで用意する。日本や韓国も資金提供に応じるだろう。

あなたが言うとおり、非核化に長い時間がかかることはわたしもよく理解している。わたしの任期中に非核化を完了することはできないかもしれない。しかし、それでも、わたしたちが非核化のロードマップに合意し、貴国の非核化が目に見える形で進展するなら、それは大きな成果だ。あなたの協力を期待している。

金正恩：もちろん、非核化に協力することはやぶさかではない。ただそのためには、わが国に対する「安全の保証」が欠かせないということを忘れないでほしい。

小原：「安全の保証」とは具体的に何だろう。平和条約という約束が核・ミサイルに代わる「安全の保証」になり得るだろうか？

トランプ：あなたの言う「安全の保証」について、ここでぜひ理解を深めたい。あなたは具体的に、わが国に対して何を求めているのか？

金正恩：第一に敵視政策の撤回であることは先ほど述べた通りだが、それ以外にも経済制裁や軍事演習の中止、そして戦争状態の完全終結も必要だ。それによって在韓米軍は駐留する必要がなくなるはずだから、韓国からは引き揚げてもらいたい。

加えて、貴国がわが国に対して核による威嚇を行わないとする、将来にわたって拘束力のある合意を結びたい。

それともうひとつ、経済援助もお願いしたい。食糧・エネルギー支援から南北朝鮮間の鉄道や道路などのインフラ建設まで、わが国がこれから経済建設に軸足を移していくためには、貴国を始め、海外からの援助が必要だ。

トランプ：盛りだくさんだな。わが国は議会との関係もあって難しいが、同盟国である日本や韓国は応じてくれることだろう。

小原：まいったね！

トランプ：貴委員長の英断で、貴国が核・ミサイルを完全に廃棄すれば、投資や貿易が活発になり、潜在力ある貴国は経済的に大発展するだろう。わたしはそれを応援したい。貴国と貴委員長の未来はバラ色だ。今日は良い会談ができた。世界はわが国を称賛するだろう。ありがとう。

補足：核・ミサイル問題をめぐる世界の状況

小原：よし、模擬交渉はここまでとしよう。皆、金正恩とトランプにすっかりなり切っていたね（笑）。良い会談だった。

さて、通常、会談のあとには**共同記者会見**が開かれるほか、**合意文書の発表**も行われる。両首脳の共通認識や合意を具体的にどういう文言で文書にまとめて、対外的に公表するか、会談の成果が問われる重要な場面だ。

もっとも、合意文書は、普通、会談前の実務者協議においてできあがっており、首脳はそれに署名するというのが普通なのだけれど、なにせ今回は「取引の神様」を自任する気まぐれな大統領と、恐怖の統治を行う独裁者との会談だ。最後の最後まで何が飛び出すか、ハラハラドキドキの会談なので、事務方も報道陣も大変だったはずだ。

今回の模擬交渉では、それぞれが説得や威嚇、インセンティブも駆使して、相手の譲歩を引き出し、合意を作り出そうとする努力が見られて、双方ともに交渉のポイントをとてもよく押さえていたように思う。

最後に、核・ミサイル問題をめぐる状況について少し補足しておきたい。

核の脅威は、1980年代に一度、大幅な縮減に成功した。当時アメリカ大統領だったロナルド・レーガンは、「信頼せよ、されど検証せよ」というロシアの格言を好んで使ったように、1987年に米ソが中距離核戦力（INF）全廃条約を締結したあと、互いに厳格な査察を続け、核兵器を大幅に減らすことに成功したんだ。

しかし、そのレーガン大統領を敬愛しているはずのトランプ大統領は、2019年2月、INF条約から正式に離脱すると発表した。これにより、核やミサイルをめぐる大国間の競争がふたたび激しさを増すだろうことは想像に難くない。

また、核の脅威の問題はアメリカとロシアに限ったことではない。米ソのINF全廃条約の枠外にあった中国は、中距離ミサイルを開発し、大量に保有・配備している。トランプ大統領は一般教書演説で、新たな多国間条約の締結について言及した。中国のほかに北朝鮮やイランなども入れた多国間条約の交渉をすぐにでも始めるべきだと思う。

そして、北朝鮮についても引き続き予断を許さない状況だ。ハノイでの第二回の首脳会談は成果なく終わった。80年代に米ソの核軍縮交渉に携わったシュルツ国務長官は、自身の回顧録で「相互に利益となる合意」への意欲の有無が交渉の成否を決めると述べている。そして、そうした取引をしたうえで、その合意を守れる相手かどうかを見極める大切さも指摘した。

では、はたして金正恩はそうした相手だと言えるだろうか。2018年6月にシンガポールで開かれた第一回米朝首脳会談のあと、トランプ大統領は金正恩委員長を「交渉に値する人物だ」と称賛した。はたして、本当にそうなのか。その答えはいずれはっきりすることだろうが、僕らは、金正恩が「悪人」でもあり「弱者」でもあるとの前提に立って、「信頼せよ、されど検証せよ」の精神で北朝鮮問題を見つめていく必要がある。

第8回 まとめ

模擬交渉：米朝会談を「実際に」やってみる

交渉とは何か？

◎交渉の本質とは、相手がいて、その相手から「同意」を取りつけること。
◎外交交渉において大切なのは、互いに負け、互いに勝つという精神を共有すること。

交渉を有利に進めるには何が必要か？

◎要求と譲歩のダイナミックな組み合わせ、それが交渉の戦術になる。
◎テクニックは4つ。①イエスとノーの使い分け、②効果的な質問、③事前の信頼関係の構築、④交渉に用いる言語。

何が交渉の成否を決めるのか？

◎相互に利益となる合意に対して意欲を示し、そうした取り引きをした上で、その合意を守れる相手かどうかを見極めることも大切。
◎北朝鮮のような国に対しては、悪人論と弱者論の両方の見方が可能。どちらかいっぽうに偏ることなく、「信頼せよ、されど検証せよ」の精神が必要。

PART 4

最高の外交を実現するには

第9回

「国益」は誰のためか

What To Think

考えること

「国益」とは何か？

「価値」は国益と言えるか？

「力」が正義を決めるのか？

小原：前回のゼミでは、北朝鮮の非核化についての米朝模擬交渉を行った。ミニ・トランプとミニ・正恩の駆け引きは、多くの論点をカバーしていて、本物さながらに白熱したものだったね。

おそらく皆、模擬交渉を通じて理解したと思うけれど、**外交交渉とは互いの国益を調整し合うこと**なんだ。米朝模擬会談の場合、米朝それぞれの国益は何だったかと言えば、アメリカにとっては自らの国家・国民の安全であり、同盟国の安全だった。いっぽう北朝鮮にとっては「安全の保証」、つまり対外的にも対内的にも「キム王朝」が脅かされないこと、だった。

この**それぞれの国益を理解し、お互いの国益が最大限守られるように交渉するのが、外交の要諦であり、国際社会に秩序をもたらすために一番必要とされること**だと言える。

そこで今回は、この「国益」とはいったい何か、それをどう理解すべきなのかについて、皆と議論しながら考えていきたい。

日本が抱える「国益」のトラウマ

小原：残念ながら日本では、「国益」についての議論があまりなされてこなかった。

その背景には、かつての戦争で犯した失敗への反省がある。戦前、大日本帝国は国際協調に背を向けて、自国の偏狭な利益ばかりを追い求めていた。その結果として、アジアの国々に多大な犠牲と損失をもたらし、日本の国土も焦土と化して、多くの尊い人命を失う戦争へと突き進んでしまった。

戦後、日本人はその反省とともに、国家主義や軍国主義に対する警戒心や拒否感を強く持つこととなった。**かつての大日本帝国が繰り返し強調していたような「国家の利益」に対して、疑念を抱いたり、忌避しようとしたりする傾向が生まれたように思える。**まあ、当然といえば当然のことなのだけれど、そのおかげで「国益」についての議論があまりなされなかったわけだ。

また、戦後生まれた冷戦構造においては、「国益」を忌避するどころか、考える必要すらなかったとも言える。それは、**西側陣営に属した日本の「国益」は、アメリカを中心とする自由主義陣営の利益と一致するものでなければならなかった**からだ。

ところが、冷戦が終結すると状況は一変する。

冷戦が終結し、ソ連が崩壊すると、東西陣営という枠組みもソ連という脅威も、すべてが消え去ってしまったからだ。当然、国際秩序は大きく変化しはじめ、国際情勢が不透明さと不確実さを増すなか、何が「国益」かを考えないわけにはいかなくなった。

そして中国が台頭し、テロや難民危機が起こり、地球温暖化や感染症が人々の生活を脅かすようになると、単にアメリカに付き従うだけでは済まなくなった。

ここにきてようやく、日本でも「国益」という言葉が普通に使われるようになったというわけだ。

あらためて「国益」とはなにか

小原：そこで、あらためて皆に問いたい。この**「国益」とは、いったい何だろうか。**僕らは、何をもって「国益」と考えればよいのだろうか。

いまや「国益」という言葉は、政治の世界だけでなく、新聞やテレビなどでもよく使われるようになったから、皆にとっても耳慣れた言葉になっているだろうけれど、こうしてあらためて問われると、はたと考え込んでしまうかもしれないね。

兜：国家にとって得になること……政治的利益と経済的利益、でしょうか。

霞が関：でも、そもそも国益とは「国家の利益」なのだから、国家によって異なってくるわけで、定義するのは難しいと思います。

青山：仮にそれぞれの国家が決めることだとして、では誰が決めるのだろう。外務省？でも、民主主義国家である以上、本来なら国会で議論されるべきことのはず。まあ、「国益とは何か」なんていうそもそも論、国会であまり聞いたことはないのですが。

厚木：いずれにしても、「国益」はそれを使う人や使われる文脈によって異なる中身を持つ概念だと思います。一言で説明するのは難しいです。

小原：とても重要な言葉だという点は皆共通して認識しているようだけれど、それが何を意味するのかについては普段あまり気に留めないでいる言葉、それが国益という言葉だということだね。僕たちは、この言葉の意味をきちんと理解して使っているだろうかと問われると、どうも心細くなる。

「国益」とは何かという本質的な問いかけに対して明確な答えを持たないままに、政治やメディアでは「総理の靖国神社参拝は国益を損なう」とか「TPPは国益を害する」といった議論がまかり通ってきた。そこでは、そもそも「国益」が何であるかの議論が欠落してしまっている。

そしてそれどころか、**自らの主張や立場を正当化するために「国益」という言葉を振りかざしている**ことも少なくないんだ。「国益だ」と言われると、誰もが何となく気圧されるからね。しかし、本来は外交について真摯に考える土台となるべき「国益」という言葉が、議論の余地を無くさせる政治的道具となってしまっては元も子もない。[36]

ということで、まずは「国益」を定義するところから、僕らの議論を始めよう。

国益は、「国家の利益」、英語で言うと「national interest」だ。つまり、**「国家（nation）」と「利益（interest）」というふたつの概念からなっている。** したがって、「国家」とは何かという問いかけと、「利益」とは何かという問いかけに分けて考えるといいだろう。
前者については、国家を成立させる3つの要素を考えることで、具体的に理解することができる。そして後者については、パワーや価値との関係を考えていくと、よりはっきりさせることができる。

まず、国家を成立させる3つの要素とは、以下のものだ。

1. 領土

2. 国民

3. 主権

つまり、国家には「領土」があって、そこには「国民」が住んでいる。そして、領土や国民を統治する権利として「主権」が存在しているということ。これに、4つ目の要素として主権を行使する「中央政府」を加える場合もある。

36 筆者は『国益と外交』（日本経済新聞社、2007）でそのことを指摘するとともに、『日本の国益』（講談社、2018）では他国や国際社会にも利益があることを認識して、相互の調整を目指す「開かれた国益」の重要性を強調してきた。

ここでは、最初の3つの要素でもって考えていこう。これら3つの要素で国家が成立しているということは、裏を返せば「国家の生存と安全」とはそれらの要素が奪われたり損なわれたりしないこと、と言える。

すなわち、領土を守り、国民を守り、主権を守るということが、国家にとって最も重要な利益であるということになる。

このうちひとつでも失えば、国家であること自体が不可能になる。

そういう意味では、この三要素を守ることなくして国家の利益を語る意味もないわけだから、それこそが国家の最も重要な、かつ普遍的な利益であると言えるだろう。よりわかりやすく言うなら、**領土、国民、主権の三要素を守ることが、すべての国家にとっての国益であるということだね。**

そのうちのひとつでも欠けると国家とはみなされない。また、そのどれかに問題がある場合、たとえば、「領土の一体性」が損なわれていたり、国内の治安維持ができていなかったりすると、国家は「失敗国家（failed state)」、あるいは「破綻国家」と呼ばれることになる。

小原：次に、「利益（interest）」について。国家の成立条件となっている3つの要素を守ることは死活的な利益なのだけれど、もちろんそれ以外にも国家の利益は存在する。その代表的なものが、兜くんが挙げてくれたような「**経済的利益**」だ。

しかし、国家はあらゆる利益を追求できるわけではない。国益を実現するためにはパワーが必要であって、パワーには限界があるからね。国家と言っても、強大なパワーを持つ大国もあれば、小さなパワーしかない小国もある。**それぞれの国家が持つパワーの許す範囲で、優先順位の高い利益から順に国益として追求する**のが現実的だ。

国家を支える経済の力

兜：しかし、いくら優先順位が劣るからとは言え、経済的利益は国家にとって何よりも欠かせないものではないでしょうか。仮に国家の存続が保証されたとしても、北朝鮮のように経済が極端に疲弊して、国民の生活もままならないような状態だと、国家としては体をなしていないような気がします。

小原：確かに、僕ら人間というのは、安全が確保されるだけで満足できるわけではないよね。衣食住に代表されるような、物質的豊かさも求めたくなる。

その意味で、もし国家が経済的に繁栄していれば、それは国民にとっては日々の生活に直結する利益になるから、そのまま国家の統治の正統性につながると言える。反対に、**経済的に疲弊している国家は、やがて国民からの支持を失い、統治が不安定化することになる**と考えられる。

それに、そもそも経済力は国家の安全を守るための軍事力を支えることにもなる。現代の軍事力の源となるのは科学技術や資源の確保などだ。第四次産業革命とも言われる今日では、米中間でのハイテク技術をめぐる競争が激化しているけれど、それはその行方が経済覇権だけでなく、軍事覇権をも決するからなんだ。

またもし、石油の輸入がストップすれば、たちどころに日本経済が麻痺するだけでなく、自衛隊の航空機や艦船も動けなくなるだろうね。実際、第二次世界大戦が始まる前に、フランス領インドシナに進駐した日本に対して、アメリカが石油の全面禁輸に踏み切ったとき、経済的に苦境に陥った日本は為す術もなくアメリカとの戦争に傾いていった。1970年代にも、いわゆる「石油ショック」によって日本は大変な経済危機に直面したよね。こうした経験からも、経済力の重要性は認識することができる。

今日、南シナ海の領有権をめぐって中国や東南アジア諸国との間で対立が起きているけれど、石油を輸入に依存する日本にとっても、この海域は資源の確保という面でとても重要なものなんだ。というのも、南シナ海は中東やインドネシアと日本を結ぶ「シーレーン」[37]となっているからね。

領有権を主張する諸国が人工島を建設したり、軍事化を進めたりすることで緊張が高まり、この地域の情勢が不安定になれば、「航行の自由」も揺るぎかねない。南シナ海の領有権問題は、日本にとって直接の利害関係こそないものの、日本の生存や経済繁栄という国益に影響する問題なんだ。[38]

37　一国の通商上・戦略上、重要な価値を有し、有事に際して確保すべき海上交通路。（大辞林第三版）
38　それゆえにこそ、日本はこの問題に対して法の支配の観点から国際仲裁裁判の裁定の遵守を求めている。

このように考えていくと、**国家の生存と安全だけでなく、経済の繁栄もまた、あらゆる国家にとっての「普遍的な国益」であると**言えるだろうね。

小原：国益について考える際に、もうひとつ忘れてはいけない大きなテーマがある。それは、**「価値」を国益として位置づけるかどうか**ということ。価値というのは、たとえば「民主主義」や「人権」などだ。そういった点も念頭に置きつつ、「国益とは何か」についての議論を皆と深めていきたい。

日本の国益に見る「死活的国益」

小原：2013年、日本政府は「国家安全保障戦略」を発表して、戦後の内閣として初めて、日本の国益が何であるかを詳らかにした。そこでは、3つの国益が次のように想定された。

1. 国家・国民の生存と安全

2. 国家・国民の繁栄

3. 普遍的価値に基づく国際秩序の支持・擁護

最初のふたつは、すでに話してきたような「普遍的な国益」そのものだね。

では、なぜこの順番なのだろう。国家がこうした順番に無自覚であるはずはないからね。「安全」＞「繁栄」＞「価値」という序列でもあるのだろうか。

青山：人間は、健康な体があって初めて働くことができるし、収入を得ることもできます。「衣食足りて礼節を知る」という言葉もありますが、生活がある程度豊かになって初めて、心の余裕も生まれるのだと思います。

国家も、それと同じなのではないでしょうか。国家も、「安全」が確保されて初めて、「繁栄」にあたる経済活動に十分取り組むことができるし、経済成長が実現して国民の所得水準が上昇することで初めて、人権や民主主義などの「価値」を求める動きも広がるはずです。アジアでは、経済発展によって中間層が拡大したことが、民主化につながりました。つまり、まず「繁栄」があって、そのあとに「価値」がもたらされたわけです。

小原：うまい説明だね。実は、歴史にその名を刻む思想家や学者たちも、こうした順番で国益を考えてきたんだ。

つまり、国家が存在してこそ国益を追求することもできるという理屈に立てば、1の「国家・国民の生存と安全」は、およそ国家である限り、失うことの許されない「国家理性（raison d'etat）」だということ。[39] したがって、それはほかのあらゆる国益よりも上位にある最重要の国益である、となる。

「国際政治の父」と呼ばれ、徹底したリアリストとして知られるアメリカの政治学者ハンス・モーゲンソーもまた同様だ。

彼は、国際政治を「国家が〈力として定義される利益〉を追求する権力政治である」と論じたことで知られているけれど、モーゲンソーはこの定義から出発して、**ほかの国からの脅威に対して国家が身を守り、自己保存しようとすることを、恒久的・一般的な「第一次的国益」**だと位置づけたんだ。

図9-1　ハンス・モーゲンソー

ハンス・モーゲンソー（Hans Joachim Morgenthau、1904-1980）
©Denver Post/Gettyimages

ちなみに、モーゲンソーはこうした「第一次的国益」以外の国益、つまり圧力団体や政党などが介在することによって変わり得るような国益については「第二次的国益」と位置づけて、すべて「余得」、つまり余分な利得だと考えた。

もし、それぞれの国家がこうした「第二次的国益」を適切に制限し、行動することができれば、国家間の国益のバランスはうまく調整され、その結果、平和が維持される。これが、モーゲンソーの考えた「調整による平和」なんだね。

言い換えれば、**「国家・国民の生存と安全」を守るためには、国家は持てるあらゆる手段を駆使し、必要とあらば戦争も辞さない覚悟で臨む。しかし、それ以外の国益についてはできる限り自制することによって、本来不必要な戦争を避ける、**ということだ。

日本政府の考える3つの国益の一番目に「国家・国民の生存と安全」が出てくるのは、そんな背景があるからなんだ。

ひとつの価値がすべてではない

小原：このように考えていくと、1と2を国益に据えているのはある意味、国際政治の

「常識」だと言える。

しかし、3つ目の国益については議論がわかれるところ。「国家安全保障戦略」では、3の国益について「普遍的な価値に基づく国際秩序を支持し、擁護する」(傍点筆者)ことだと説明しているけれど、これでは依然として疑問が残るよね。そもそも、「価値」や「国際秩序」を国益の問題として論じることはできるのか。あるいは、たとえば「民主主義」という価値は「普遍的な価値」と言えるのか。

どうだろう、「人権」や「民主主義」といった価値は「利益」だと言えるだろうか？

兜：価値というのは、それだけでお腹いっぱいにはならないけれど、賛同して協力してくれる人を増やすことはできる。それは間違いなく利益となるはずです。

たとえば、日本が「民主主義」という価値を掲げた外交を展開しても、それ自体で日本が経済的に豊かになるわけではないけれど、その価値を共有する国家は日本との友好関係

39 近代ヨーロッパで生まれた「国家理由」という概念は、日本では「国家理性」と訳されていて、国益追求という国家の行動原則を意味している。

を重視して、経済協力や貿易を発展させようと思うでしょう。

その意味で、「民主主義」という価値は日本の国益になると思います。

小原：いま兜くんが言ってくれたような考え方は、国際政治の世界では「**価値観外交**」という言葉で知られている。つまり、**自由や民主主義、人権の尊重や法の支配といった「普遍的価値」を掲げることで、同じ価値観を持つ国々と連携していこう**というものだ。日本政府もこの「価値観外交」を直接あるいは間接に重視してきた。[40]

もし、そうした「普遍的価値」が消えてなくなるとどうなるかというと、そこには言論弾圧や人権抑圧、独裁や全体主義、弱肉強食が支配する世界が生まれるという危険性がある。実際、第二次世界大戦まではそうした世界がいたるところに存在していて、その結果、あのような悲惨な戦争が起きてしまったのだから。

「普遍的価値」は、そんな歴史を繰り返さないために、僕たちが支持し擁護しなければいけない価値だと言っていい。戦後、人道主義に立った国際機関が作られたり、「国際人権規約」などの条約が作られたりしたのは、**「普遍的価値」がまさに広く国際社会で受け入れられる「共通の価値」になっていた**からだろうね。

青山：私は、普遍的価値そのものは支持し擁護されるべき価値だと思いますが、いわゆる「価値観外交」には慎重であるべきだと思います。

というのも、世界は多様であり、価値はひとつではないからです。あるひとつの価値を押しつけるような外交は、必ず反発を招きます。特に、欧米列強による植民地化や日本の侵略に苦しんだアジア諸国にとっては、主権が保証され、内政不干渉が守られることこそが重要であって、戦勝国による一方的な価値の押しつけである価値観外交はアジアでは支持されないと思います。

小原：青山さんの言ってくれたことは、たとえばこういうことかな。社会主義の大国である中国には現在、14億人近い人が住んでいる。世界の人口はいま75億人ほどだから、その

40 「価値観外交」と言えば、第一次安倍政権が有名だ。当時の麻生外相は、自由と民主主義、市場経済と法の支配、そして人権の尊重という普遍的価値を北東アジアから、中央アジア・コーカサス、トルコ、中・東欧、バルト諸国にまで帯状に弧を描くエリアで形成し拡大する「自由と繁栄の弧」を提唱した。このイニシアチブは、アメリカはいうまでもなく、オーストラリア、インド、それにEUあるいはＮＡＴＯ諸国との連携・協力によって進められることが念頭に置かれていたけれど、中国などは警戒感を示していた。

2割近くの人々が「民主主義」という価値を共有していないということになる。そう考えると、**日本やアメリカが掲げる「民主主義」という価値は、「普遍的」なものとは言えない**だろう。

青山さんの言うように、世界には多様な価値が存在していて、それぞれの国家が置かれている状況も歴史的な背景もそれぞれに違っている。そうした違いを無視して、ひとつの価値だけを押しつけようとする外交はすべきはないと考える人は少なくないだろう。

実際、価値観外交に対しては反発もある。アメリカはこれまで、「自由」や「民主主義」を世界に広げ、世界に範を示す「理念の灯台」であるべきだと考えて、価値観外交を世界的に展開してきた。いわゆる「**例外主義（American Exceptionalism）**」と呼ばれるものだ。しかし、中国などはこれを、中国の体制転換を企てる「和平演変[41]」だとして、強い警戒感を示してきたんだ。

また、イラク戦争の失敗もある。ブッシュ大統領は、イラクに大量破壊兵器が存在しないことが明らかになったあと、イラク戦争の大義を「中東民主化」に求めて戦争を続行したけれど、そのせいでかえって中東はテロや難民や紛争で混乱してしまった。

しかし、トランプ大統領は不動産王だったこともあり、短期的な商業的利益を優先し、歴代大統領とは違って価値にはこだわらない外交を展開している。

霞が関：でも、アメリカが自由や民主主義といった価値を軽視したら、世界はどうなるのでしょうか。リベラルな国際秩序は色褪せ、弱肉強食の世界になっていく可能性もあるのではないでしょうか。「国家の安全」といった国益と同列に扱わないにしても、外交において価値は決して無視できない要素だと思います。

小原：その答えは、理想主義者（リベラリスト）と現実主義者（リアリスト）の間での立場の違いとも関係している。現実主義者は、道義や価値を外交に持ち込むべきではないと

41 編注：1950年代にアメリカ国務長官ダレスが対社会主義国家政策に言及した際行なった主張を翻訳した中国語。社会主義政権の崩壊を戦争ではなく、第2代、第3代の指導者に期待しようというもの。60年代以来、毛沢東はそれを平和的手段で社会主義の内部崩壊をねらう西側の陰謀の証拠として、人々の西側帝国主義に対する警戒心を呼起し、思想的引締めを行うなどした。（ブリタニカ国際大百科事典　小項目事典）

いう立場をとるけれど、理想主義者、たとえばウィルソン大統領[42]のような人物は、むしろ国際世論や道義に重きを置いていた。

リアリズムの大家であるE・H・カーという学者も、名著『危機の二十年[43]』において国際道義としての**「国際的な共通理念」**の重要性について指摘している。

カーは、国際政治が力の政治であるというのは事実の一端でしかなく、その根底には国際的な共通理念が存在していると述べた。**それがいかに制約を受け、またいかに脆弱な支えしか持たないにせよ、それは国際道義として存在している、**とね。

「力」が正義を決めるのか

小原：ここで、価値を「正義」と言い換えて考えてみることにしよう。

プラトンの『国家[44]』では、正義の危うさについて指摘がなされている。ソクラテスの問答にある一節だ。そこでは、「正義とは力の強い者の利益になること」だという見解が取り上げられる。つまり、**正義は力によって支えられて初めて正義として受け入れられるのであって、力ある者が「これは正義だ」と言ったら、それは正義になる、**という議論だ。

ソクラテスはこれに賛成できないと答え、再び議論が続けられていくのだけれど、この考え方はある面では真理だと思う。

国際秩序は、力と価値の体系だ。力を持った国がつくる秩序は、その国の価値を反映する。したがって、正義もやはり力を持つ国に都合のいい正義になる。

第二次大戦後のリベラルな秩序を作ったのは、戦争に勝ったアメリカを中心とする連合国だった。「連合国」は、英語では「United Nations」と言う。

青山：「国際連合」と同じですね。

小原：そう。国連とは実は「連合国」なんだ。つまり、**「枢軸国」と戦った「連合国」がそのまま国際機構の名前となったのであって、そこで生み出されるのはほかでもなく連合国側の秩序**だということ。

42 編注：アメリカ合衆国第28代大統領（在任1913〜1921）
43 編注：E・H・カー『危機の二十年――理想と現実』（原彬久訳、岩波文庫、2011）
44 編注：プラトン『国家〈上・下〉』（藤沢令夫訳、岩波文庫、1979）

よく「歴史は勝者がつくる」と言われるように、力ある国が秩序をつくるとすれば、そこでの「正義」は力ある者にとっての「正義」に過ぎないと批判することも、できないわけではない。

それが大国の利益に沿わない場合には、大国はそれを平気で無視することもできる。誰も大国を制裁することができないからだ。こうして「正義」は実現されないことになる。そうだとすれば、極端に言えば、国際社会では「力こそ正義だ」ということになってしまうよね。

たとえば、南シナ海の領有権をめぐる国際仲裁裁判では、アメリカから批判を受けた中国が、アメリカのダブル・スタンダードを取り上げて反論した。アメリカが国際司法裁判所（ＩＣＪ）判決に従わなかった「ニカラグア事件」を取り上げて、アメリカは自国に不利な国際裁判の結果を踏みにじってきたと批判したんだ。[45]

青山：私は、必ずしも「力こそ正義だ」とは言い切れないと思います。国際法を学んでいると、そこでは国際政治学とは違い、国際社会にも秩序があると思わされるケースが少なくないからです。

図9-2 南シナ海問題

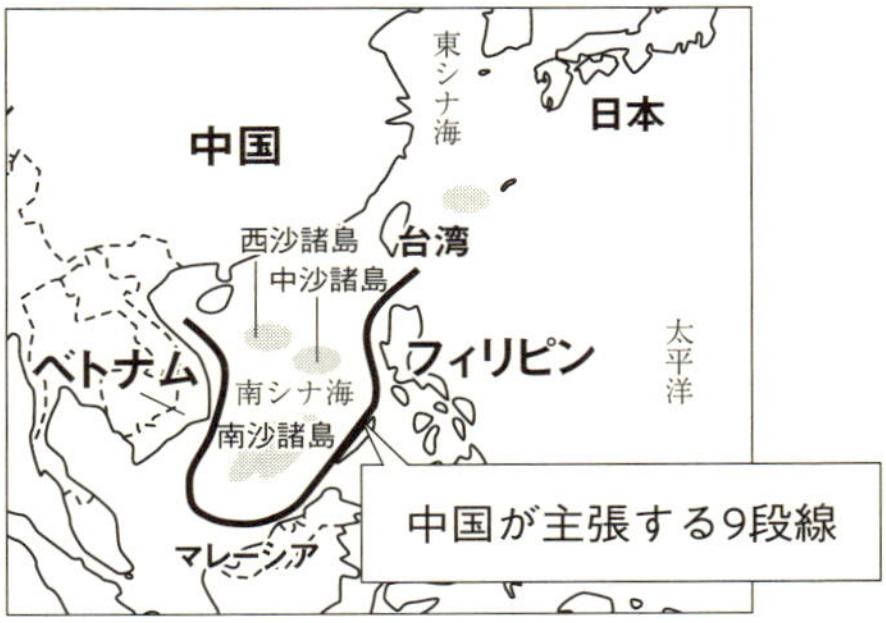

時期	出来事
1974年	中国が南ベトナムを駆逐して西沙諸島を占領 (←ベトナムから米軍撤退)
1988年	中国が南沙諸島に進出、ベトナムとの海戦でいくつかの環礁を獲得
1995年	中国がミスチーフ環礁(近いフィリピンが領有権主張)占領 (←スービックから米軍撤退)
2012年	中国が中沙諸島のスカボロー礁(近いフィリピンが領有権主張)を占領
2014年	フィリピンがハーグ常設仲裁裁判所に提起 中国は大規模な埋め立てやインフラ整備など人工島化を進め、軍事化も
2015年	アメリカが「航行の自由作戦」を開始
2016年	仲裁裁判の裁定が下る(中国の「九段線」は国際法上の根拠を持たないなど)
2017年	習近平総書記が党大会で「人工島建設を積極的に推進」と成果を誇示

たとえば南シナ海問題について言えば、国際仲裁裁判所が下した裁定を中国は拒否しましたが、それを取り上げて「大国の意に沿わない正義など何の意味もない」と言われれば、確かにそうかもしれません。しかし、**そもそも仲裁裁判制度がなかったら、フィリピンが中国を訴えることもできなかった**でしょう。

さらに、フィリピンの主張を認める裁定が出たことで、中国もフィリピンに多額の援助を約束するなど配慮して、フィリピンが得たものも小さくなかったはずです。

小原：国際仲裁裁判所などは、まさにE・H・カーの言う「国際的な共通理念の根幹」に基づいて裁定を下していると言えそうだね。青山さんはそれが、拘束力を持つかどうかは別にしても、国家の行動に何らかの影響を与えていると考えるのだね。

青山：そうです。いや、そうであってほしいと思います。

小原：当の中国はあんな裁定は「紙くず」だと言って拒絶したけれど、それは裁定が中国の領土や主権といった死活的な国益に反している以上、「はい、わかりました」というふうにはいかないのだろうね。

中国は、裁判所の構成も問題にしたんだ。つまり、中立であるべき裁判官の柳井俊二氏（当時海洋法裁判所所長）が、中国を脅威視する「安保法制懇」の座長を務めていること、ならびに中国が欠席するなかで仲裁裁判所の裁判官5人のうち4人を指名したことが裁判を政治化しているとして、その判決は無効だと批判したんだね。

そこには、裁定が根拠にしている海洋法条約が、アメリカを始めとする「西側」の一方的な解釈によって捻じ曲げられているという不信感が強くにじみ出ている。つまり、**ここで見落としてはいけないのは、誰が国際法を作り、誰がその法を解釈するのかということ。そして、その法によって誰が助かっているのかということ。**ここでも僕たちは再び、力と正義の関係にぶち当たることになる。

しかしだからと言って、中国にとって都合の悪い国際秩序を直ちに変えることはできな

45　中国共産党の機関紙である「人民日報」の論評（2016年7月11日）は、国際法を都合がよければ用い、都合が悪ければ退けるアメリカの偽善性を十分に暴露するものと断じている。

いから、そのなかで中国は対応を考える必要に迫られる。それが、青山さんの指摘に重なってくる。中国は、国際社会からの圧力を感じているからこそ、フィリピンが裁定に固執しないように働きかけ、巨額の経済援助をオファーしたのだろう。

青山さんの分析には僕も賛成だ。「正義をカネで買う」と言うと語弊があるけれど、正義にはそれだけの力があるということだね。

国際仲裁裁判制度の存在は、現代の国際社会が単なる弱肉強食のジャングルではないことを意味している。なぜなら、この制度があるおかげで、どんなに小国であってもアメリカや中国のような大国に対して堂々と正義を主張することができるからだ。

正義は国家の数だけあると言っても過言ではないが、**そんな多様な正義をひとつの正義に収斂させていく努力、それこそが国際秩序を構築するということ**なんだ。僕がこのゼミを通じて、国際秩序が力の体系であり、価値の体系でもあると話してきたのは、そうした考え方が背景にある。

さて、力と正義の関係をひと通り確認できたところで、今回のゼミはここまでとしよう。

最終回となる次回は、「力（パワー）」をどう捉えるかについて、さらに掘り下げて考えていきたい。そしてそれがいかに国益を規定し、国家のあり方を変えてしまうのかを確かめることで、国際政治の視座を、皆とともに作っていきたい。

第**9**回
まとめ

「国益」は誰のためか

「国益」とは何か？

◎国益は「国家」と「利益」の2つの要素からなる。
◎「国家の生存と安全」が最も重要な死活的国益。
それは、国家の三要素である「領土」「国民」「主権」を守ること。
◎「国家の繁栄」という経済的利益はそれに次いで重要な国益。

「価値」は国益と言えるか？

◎国益を語る上で、価値との関係を忘れるわけにはいかない。
◎「普遍的価値」は支持し擁護されるべき価値だが、
「価値観外交」は慎重さが求められる。

「力」が正義を決めるのか？

◎「正義は国の数だけある」ことを念頭に置いて国際政治を眺めよ。
◎「力こそ正義だ」という命題に向き合うことが
国際政治の現実を理解する近道。

第10回

パワーは国益をどう変えるのか

What To Think

考えること

「身の丈」をわきまえた国益追求はできるか？

「価値」と国益やパワーとの関係を

どう処理すべきか？

パワー・バランスの変化にどう対応すべきか？

社長がロールスロイスを乗り回す中小企業の末路

小原：いよいよ最終回となる今回のゼミでは、国益と力（パワー）の関係について、もう一歩踏み込んで考えてみたい。

出発点にしたいのは、前回紹介した国際政治学者、ハンス・モーゲンソーによる国益の定義だ。すなわち、「力（パワー）として定義される利益」とは何かということ。

この定義について、モーゲンソーはそれ以上に詳しくは説明していない。そこで僕なりに解釈するならば、次のようになる。**「パワーと国益は一枚のコインの裏表のような関係にある」**。つまり、パワーも国益も、お互い等しく制約しあっているということだ。

皆は、このモーゲンソーの定義をどう解釈するだろうか？

兜：要は、「身の丈にあったものを求めなさい」ということなのかなと思います。たとえば、中小企業の社長がロールスロイスに乗って得意になっていたら、その会社はいずれ倒産するでしょうし、さして人望のない人が選挙に立候補したとしても、票は集まらず落選するでしょう。

国家も同様で、さほど大きなパワーを持たない国が過大な国益を追求して国際社会で立ち振る舞えば、たちまち大国に潰されるのがオチだと思います。そうならないように、国力相応の国益を追求しなさい、という意味なのだと僕は考えます。

小原：そうだね。ただ、「身の丈」というのがなかなかに難しくて、これにはさまざまな観点がある。

ひとつは、**地政学的な「身の丈」**だ。

アメリカは、東西を大きな海洋によって守られていて、南北に接しているのは友好的で、かつ軍事力の小さなふたつの国だけだ。あるヨーロッパの大使は、そんなアメリカを羨んで「魚と友人に囲まれた幸せな国」と呼んだ。

こうした地政学的利点も幸いして、アメリカは死活的国益である国家の安全にそれほどパワーを振り向ける必要がなかった。したがって、自国の安全という死活的国益を守るためのパワーよりはるかに大きな「身の丈」を手にしたアメリカが、あり余るパワーを世界の問題に使ったとしても不思議ではなかったんだ。

図10-1 アメリカの地政学的利点

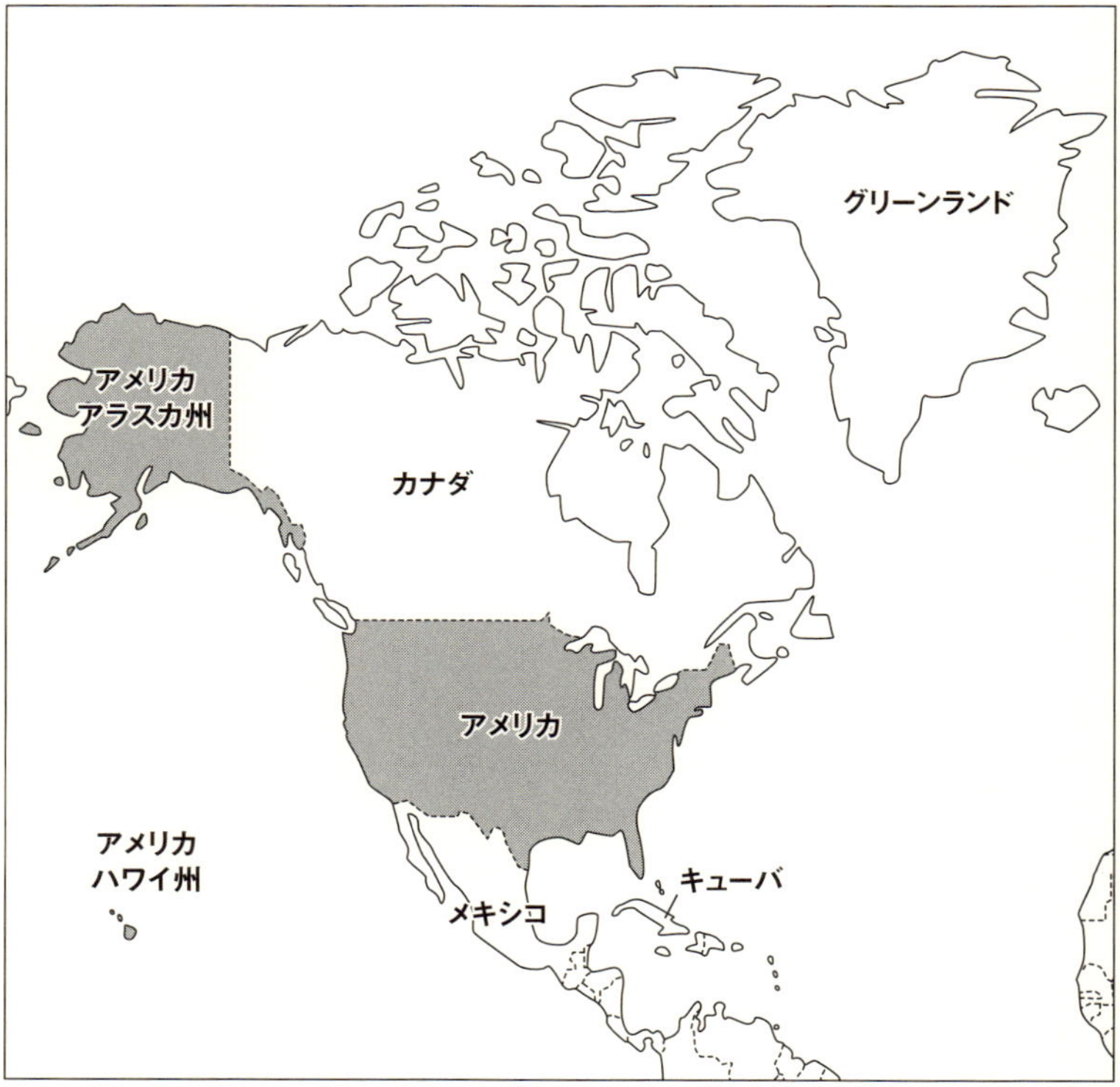

小原：特に、「パクス・アメリカーナ」と呼ばれた一時期のアメリカは、自国の国益だけでなく、日本のような同盟国や友好国の国益、あまつさえ人類の利益をも追求することができるだけのパワーを持つ超大国だった。世界が戦後、ある一定の国際秩序を構築し、維持することができたのも、アメリカの持つ圧倒的なパワーがあったからだと言える。

どうやって「身の丈を知る」か

小原：しかし現実には、どちらか一方が大き過ぎたり、小さ過ぎたりしているよね。そのせいで、兜くんも指摘してくれたようなさまざまな衝突が起きてもいる。

世界には、超大国のアメリカから太平洋のナウル共和国といった小国まで、多様な国力をもつ国が存在している。アメリカの人口3億人、面積983万平方キロに対し、ナウルの人口は1万人ほどでアメリカの約3万分の1以下、面積も21平方キロほどでアメリカの約46万分の1だ。このほかに、200ほどの国家が大小異なるパワーを持ってひしめきあっている。軍事力や経済力においては比較するまでもなく、アメリカのパワーが圧倒的だ。これに続く中国が急速に追い上げているというのが、現在の世界におけるパワー分布の現実だね。

このように、**国際社会においては、国家のパワーの分布は決して均等ではない**。そこでは、アメリカのように大きなパワーを持つ国家はそれ相応の大きな利益を追求できるけれど、ナウルのように小さなパワーしか持たない国家は必然的に小さな利益しか追求できない。外交とは、そうした「ずれ」をしっかりと認識することからスタートしなければならないものなんだ。

霞が関：「ずれ」を認識するというのは、やや抽象的に聞こえます。もう少し具体的に説明していただけますか。

小原：さすが、鋭いね（笑）。抽象論で済ますのは確かによくない。

要するに、ある国家が国益を確定しようとするときに、まず自国のパワーを正確に把握するのは当然として、相手国のパワーを正確に把握することも同時に欠かせないということだ。というのも、**パワーは絶対的に変化させられるいっぽうで、その変化は常に相対的なものとして捉えられる**からだ。それが、国際政治のパワーの論理なんだ。言い換えれば、国際社会での国家の「身の丈」は相対的に計られるということだ。

したがって、大きなパワーを持っている国家も、それ以上のパワーを持つ国家を相手に交渉するときには、国益を自制せざるを得ない局面が出てくる。近年ではアメリカと中国の貿易戦争が激しさを増しているけれど、目覚ましい経済発展を続けて大きなパワーを手に入れた中国でも、アメリカを相手にすると苦しい局面が少なからず出てくる。パワーの相対性を、ひしひしと感じているのではないかな。

現に、2018年には、中国国内で過剰な自信を戒める言質も目立っていた。このように、**パワーが相対的であるという認識に立ち、相手国のパワーを見極めた上で交渉に臨むことが外交の要諦なんだ。**

霞が関：なるほど、よくわかりました。

小原：あるいはこういう言い方もできる。敵対する相手国の国防予算が増大して、軍備の近代化が進むことでパワーが増大していると見れば、それに対抗して自国のパワーを増大するべく、軍事力を増強したり、同盟関係を強化したりする必要に迫られるよね。

リアリズムの論者がしばしば口にする「勢力均衡」や「安全保障のジレンマ」といった言葉の背景には、こうしたパワーの「相対性理論」があるんだ。

奴隷国家となるか、最後のひとりまで戦うか

小原：ここでもうひとつ、取り上げたい論点がある。それは、**「価値」を国益とみなすことができるかどうか**ということ。

モーゲンソーの国益概念である「力（パワー）として定義される利益」に従えば、国際政治において「自由」や「民主主義」といった価値がパワーとして認識されない限り、国家がそれらの価値を国益として位置づけることは難しい、ということになる。

厚木：前回のゼミで議論した南シナ海問題で、フィリピンが立場を変えたのは、中国の経済力を意識してのことでした。つまり、「法の支配」といった価値ではなく、カネ、つまり経済利益が、実効性のあるパワーとしてフィリピンを動かしたのではないでしょうか。

フィリピンのドゥテルテ大統領はとりわけ、価値に重きを置いていないように見えます。

アメリカのオバマ大統領（当時）に麻薬取締りでの人権侵害を批判されたとき、オバマ大統領を強い言葉で罵っていました。

小原：しかし反対に、死活的国益よりも価値が優先された事例もあるよ。第二次世界大戦で、ドイツ軍の侵攻を受け、ダンケルクまで追い詰められたイギリス軍が壊滅の危機に瀕したとき、チャーチル首相は「ヒトラーの軍門に下って奴隷国家となるよりも、最後の一兵まで戦おう」と閣僚たちを鼓舞して、イギリスを結束させたことは有名だ。国家の生存や安全よりも、イギリスの価値を選んだわけだね。

言い換えれば、**国家の生存や安全という死活的国益には、単なる物理的生存だけではなく、精神的生存をも含んでいる**と言え、ときに両者は緊張し、後者が前者を凌駕することもあるんだ。

もちろん、アフリカなどの途上国のように経済開発や貧困の撲滅が喫緊の課題となっている場合には、価値よりもカネがまず優先されることは十分に考えられるだろうね。

図10-2 ダンケルクの戦い

1940年に描かれた「ダンケルクの奇跡」の絵画　©The Granger Collection/amanaimages

ごり押しの文化政策がダメな理由

小原：このように、国際政治において、利益と価値の関係をどう考えるかはとても重要なのだけれど、一概に論じることは難しい。ただそのいっぽうで、価値が力として機能する場合があることは確かだ。外交の世界においては、各国の価値を反映する「ソフト・パワー」が有用であることはよく知られている。

しかし、ソフト・パワーを国家のパワーのひとつとして位置づけて、外交に用いることができるかというと、それは微妙なところ。というのは、**政府が政策的にその強化に努めようとすればするほど、ソフト・パワー本来の力は失われる**からなんだ。

たとえば、再び中国を例にとって考えてみよう。中国はソフト・パワーを重視し、その強化に努めているけれど、大々的に資金や人員を投入した海外での文化・宣伝活動は「押しつけ」や政治的プロパガンダとして受け止められ、人々の関心や憧れを高めるよりもむしろ退屈や警戒につながっているという指摘も少なくない。

そもそも**ソフト・パワーとは、政府が自らの望む方向に強制的に動かすハード・パワー**

ではなく、相手が自分たちの望む方向に自然と動いてくれるような状況を醸成するパワーのことを言う。したがって、政府の絡み方によっては「ソフト・パワー」と言ってみたところで、ただ疑念や警戒感を招く結果に終わる恐れがあることに留意する必要があるんだ。

青山：最近では「シャープ・パワー」という言葉も耳にしますが、これはソフト・パワーとどう関係するのでしょうか。

小原：シャープ・パワーはソフト・パワーとは似て非なるパワーだね。自由で開かれた社会であることを大切にするアメリカやオーストラリアでは、中国がカネ（たとえば寄付）や情報（サイバー攻撃）やヒト（スパイや留学生）を使って、自国の世論や選挙や教育に影響を与えようとしているのではないかという警戒感が高まっている。これが「**シャープ・パワー**」。民主主義社会への介入だとして、いま非難の的となっているんだ。

青山：でも、「偉大な中華民族の復興」を目指す中国にとっては、それは二番から一番になろうとする「最後の決戦」であって、絶対に負けられない戦いなのではないでしょうか。

いっぽうでアメリカは、軍事・経済・科学技術の大国であるのみならず、大変なソフト・パワー大国でもあります。「民主主義」や「人権の尊重」といった政治・社会制度から、数多くの一流大学による高等教育、ハリウッドやディズニーランドなどの文化・娯楽、シリコン・バレーといったIT産業まで、実に多様な「価値」の魅力があります。

中国がアメリカに勝つためには、ハード・パワーのみならず、ソフト・パワーを相当に高める必要があります。そうとなれば、ああいう体制の国ですから、どうしても国家が前面に出る形でいびつな「ナショナル・ハイパー・ソフト・パワー」とでもいうような状態になってしまっているのではないでしょうか。

小原：なるほど、「ナショナル・ハイパー・ソフト・パワー」か。流行語大賞でももらえそうな秀逸な表現だ（笑）。

確かに、中国にはまだまだアメリカに対抗できるだけのソフト・パワーはないと言っていいだろうね。たとえシャープ・パワーと批判されようとも、中国の政治体制の柱である社会主義的価値を守るため、必死になってアメリカの民主主義的価値に負けないよう対抗しようとしていると見ることもできる。

小原：米中両大国の覇権争いはこれからも続いて、パワー・バランスにも変化はあるだろう。しかし、アメリカの恵まれた地政学的優位が変わることは将来もおそらくない。その点、**14もの国と国境を接している中国は、アメリカに比べて地政学的に相当厳しい状況に置かれている**と言える。

それゆえ、インドとの国境紛争しかり、南シナ海や東シナ海の問題しかり、そして台湾問題や朝鮮半島問題など、周辺環境の安定に中国は大変なエネルギーを使ってきたし、これからも使わざるを得ないだろう。

中国の抱える政治体制上の問題や経済的矛盾も深刻だ。少数民族問題やさまざまな社会問題もある。習近平国家主席は、「21世紀中葉に中国は世界の舞台の中央に立つ」と宣言して、強国・強軍への道を邁進しているけれど、**中国がアメリカをしのぐパワーを持つとしても、そのパワーをどれだけ世界に向けられるかについては大きな疑問符が付く**と言わざるを得ないんだ。

永遠に変わらないもの

小原：いずれにしても、米中間のパワー・バランスが今後どうなっていくのかは、世界にとってとても重大な問題であることに変わりはない。なぜなら、**戦後の国際秩序を築き支えてきたアメリカのパワーを上回るパワーを中国が持つようになれば、中国が世界の秩序を塗り替えることも可能になる**からだ。

「シャープ・パワー」についても、それが国際秩序に影響を与えるようなら、僕らはそれをただ冷ややかに見ているのではなく、そのパワーの正体を見極め、効果的に対応していく必要があるだろう。

国際政治は、いつの時代にも権力闘争の側面がある。米中両国の権力闘争は、政治、軍事、貿易、科学技術、イデオロギーまであらゆる分野に及んでいるから、「トゥキディデスの罠[46]」を心配する声も小さくないんだ。

米中の覇権争いが激化するなかで、その狭間に置かれた日本はどう動くべきか、日米関係と日中関係をどう両立させるか、日本の国益を踏まえた戦略的外交が求められている。

ここで、議論に一石を投じるという意味で、ある言葉を紹介しよう。

それは、アヘン戦争やアロー号事件のときのイギリス首相であり、強硬な外交政策で名を馳せた19世紀イギリスの政治家、ヘンリー・ジョン・テンプル・パーマストンが発した言葉だ。

パーマストンは、25歳の若さで陸軍大臣に就任し、71歳のときに首相に就任、80歳で亡くなるまで生涯現役の政治家だった人物だ。彼が、覇権争いにおける国家のあり方について述べたのが、次のような意味深長な言葉なんだ。

イギリスには永遠の同盟国も永遠の敵もいない。
永遠のものがあるとすれば、それはイギリスの国益だ。

当時のイギリスは、ヨーロッパ大陸を支配するような国家（つまり覇権を握る国家）が現れるのを防ぐことを外交政策の柱としていた。なぜかと言うと、イギリスは当時、世界中の海という海を支配し、広大な植民地を擁する「日の没することなき世界帝国」だったのだけれど、もしもヨーロッパ大陸に覇権国家が出現して、イギリスの安全を脅かすよう

図10-3 パーマストン

パーマストン（Henry John Temple Palmerston、1784-1865）

な事態にでもなれば、世界に広がる大帝国を維持することが難しくなってしまうと懸念したからなんだ。

したがって、覇権を握ろうとする国が現れたときには、その国と敵対する国家と一緒になってその覇権を阻止しようとした。**パーマストンが宣言した通り、イギリスの同盟は永遠ではなく、あくまで一時的な同盟に過ぎなかった**というわけだ。

イギリスの国力は日々刻々と変化するし、覇権を狙う国家も次々に現れる。[47] パーマストンはそうした前提に立ち、パワーの相対的変化を見据え、臨機応変に同盟国を変えるという戦略をとったわけだ。

目的のためには手段を選ばない

小原：それでは今日、イギリスにとって最も大事な同盟国はどの国かと言えば、それは間違いなくアメリカだろう。しかし、イギリスはアメリカからの要請を振り切って、中国主導のアジアインフラ投資銀行（ＡＩＩＢ）に欧州主要国の先陣を切って加入した。

日本も、アメリカが重視する同盟国のひとつではあるけれど、米英間の「アングロサクソン同盟」はそれ以上のものだと言われていたんだ。にもかかわらずＡＩＩＢに加入するイギリスのしたたかな外交を見ていると、パーマストンの言う「永遠なるものは自国の国益だけ」という考え方がいまもなお、同国の外交政策の根底に据え置かれているということが窺える。

その意味で、パーマストンのような考え方をするならば、**日米同盟もまた永遠ではない**かもしれない。

中国のパワーが日に日に強大化していくなかで、東アジアのパワー・バランスは大きく変化し続けている。実際、アメリカのオバマ大統領は「アジア回帰」や「リバランス」と

---

46 編注：新興国が覇権国に取って代わろうとするとき、二国間で生じる危険な緊張の結果、戦争が不可避となる状態を、米ハーバード大学教授で国際政治学者のグレアム・アリソン（Graham Allison）は「トゥキディデスの罠」と呼んだ。（「安全保障用語」dictionary.channelj.co.jp より）

47 たとえば、19世紀初頭におけるナポレオンの時代、フランスはヨーロッパ最強の国家だったけれど、1815年にナポレオンが失脚すると、プロシャがドイツ統一を成し遂げて強国となり、独仏間のパワー・バランスがドイツ有利に変化した。これを受けて、イギリスにとっての脅威はフランスからドイツに移っていく。特に、1890年にビスマルクがドイツ帝国宰相から退き、ヴィルヘルム2世が登場して対外進出を積極化させると、イギリスとドイツの対立は本格化。イギリスの海洋覇権に挑戦して大海軍の建設に乗り出し、イギリスと建艦競争を繰り広げるドイツに対抗して、イギリスはフランス、ロシアと三国協商を結んだ。この対立は、後に第一次世界大戦へとつながっていった。

いった政策を採って、かつてなくアジアに戦力を優先配分し、勢力均衡を維持しようと努めた。

しかし、トランプ大統領の時代になるとアメリカの政策は一変。オバマ政権が進めたTPPから離脱したほか、日本など同盟国の防衛にアメリカがコストをかけすぎていると主張し、駐留米軍引き揚げを口にするなど、アメリカのアジアでの存在と関与に不安が出てきた。

こうした流れが続けば、国際秩序にも影響が出るのは避けられない。日本としては、**日米同盟に安住せず、「日米同盟＋α」戦略を追求する必要がある。**

たとえば、日米同盟に加え、価値を共有するアジアの諸国、たとえばオーストラリアやインドとの関係を強化する、さらには、イギリスやフランスなど、アジアに利害関係のある欧州諸国との協力を強化する外交であり、日本はすでにそうした外交を強化している。

これは、一種の「有志連合」だと言える。[48]

皆はどうだろう、日本の外交政策をどう進めていくべきだと思うかな。

厚木：国益という「目的」のためには、同盟という「手段」は選ばないというパーマストンの考え方には賛成です。当然、日本の同盟関係も国際環境の変化に応じてレビューすべきでしょう。

しかし、南シナ海や東シナ海での中国の拡張主義的動きや北朝鮮の核・ミサイル開発が続いている現状では、やはり日米同盟を基軸に据えて外交や安全保障を考えざるを得ないと思います。それに加えて、先生の指摘された「α」の部分を充実させていくことが、今の日本にとっては必要かつやるべきことであろうかと思います。

小原：日米同盟基軸は変えないということだね。

「α」として考えてみてほしい構想に、日本とアメリカが推進する「自由で開かれたインド太平洋」構想[49]がある。これは、利益のみならず価値も共有する日米同盟の延長線上に、普遍的価値を共有する諸国とのパートナーシップを発展させ、法の支配や自由貿易を守っ

48 「アングロサクソン神話」とも言われたが、かつての日英同盟にしろ戦後の日米同盟にしろ、アングロサクソンと組んでいれば大丈夫、との信仰めいた主張が聞かれた。

49 当初「戦略」と表現されたが、中国との関係に留意して「構想」に代えられた。

ていくという戦略的アプローチだ。この構想自体に大きな異論はないだろう。**問題は、それが中国の推進する「一帯一路」構想とどう関係するのか、どう関わっていくべきなのか**ということ。その答えによっては、中国は警戒感を高め、日中関係を含む国際政治にも影響が出てくると言える。

霞が関：「一帯一路」には環境問題や「債務のわな」[50]などの問題で批判も少なくありません。でも日本の国益を増進するという観点からは、アジアの途上国におけるインフラ需要の高まりに応えながら、日本の経済的利益になる形で中国と協力することはできるし、すべきだと思います。

小原：それはつまり、「日米同盟＋日中協商」ということかな。利益も価値も共有する日米関係と、利益は共有するが価値は共有しない日中関係を矛盾なく両立させるようとするわけだから、そう簡単にはいかないかもしれない。けれどそれこそが、日本の国益を最大化する政策であることは確かだね。

図10-4　「自由で開かれたインド太平洋」構想と「一帯一路」構想

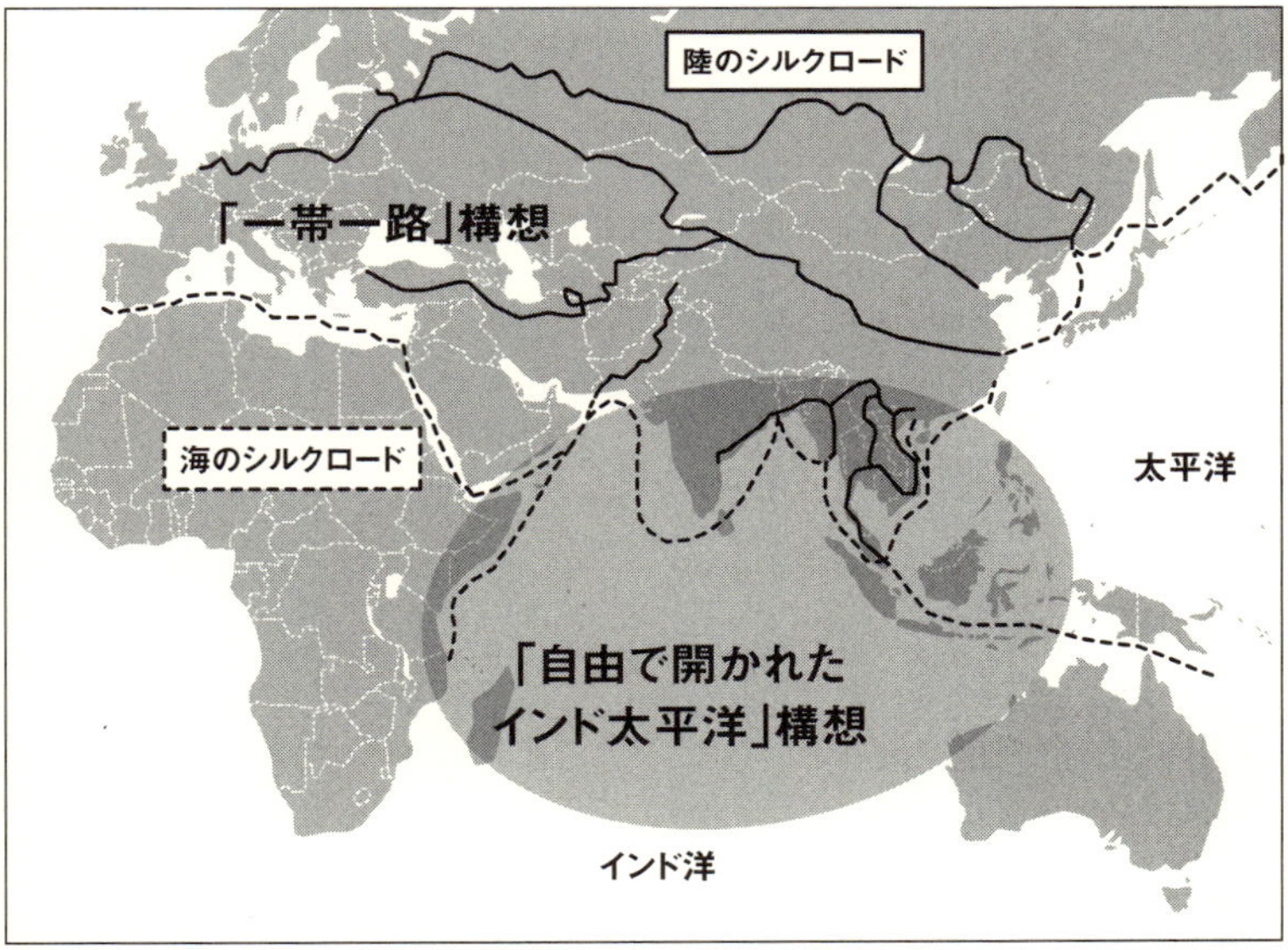

出典：外務省国際協力局「平成29年度開発協力重点方針」(「自由で開かれたインド太平洋」構想)／「一帯一路」構想は著者作成

価値に揺れる日中関係

小原：そこで、もうひとつの問いかけが出てくることになる。それは、**価値が衝突するときに利益を共有できるのか**ということ。言い換えれば、「価値が横たわる政治」と「利益が支配する経済」からなる国家関係を政経分離して処理できるのか、という問いだね。

兜：できると思います。なぜなら、日本は中国が抱える問題に対して技術や経験、あるいはノウハウやシステムを提供できる立場にあるからです。

中国は、急速な経済成長によって世界有数の経済大国となりましたが、その陰でさまざまな矛盾も噴き出しました。環境破壊、貧富の格差、汚職腐敗、あるいは都市化や高齢化など。そうした問題の多くは、かつて日本が経験し、いまも取り組んでいる問題です。かたや民主主義国家、かたや権威主義国家の違いはあれど、それゆえに協力できないということにはならないと思います。

小原：実際、日中両政府は「戦略的互恵関係」を構築していくことで合意しているから、兜くんの考えはある意味現実に即したものだと言える。
この合意に至った背景として考えられるのは、お互いの経済が依存関係にあるという認識が共有されていること、さらには朝鮮半島の非核化といった地域の問題や、気候変動や感染症といった地球規模の課題もまた両国政府の間で共有されていること、などが指摘できる。

兜：日本と中国は、それ以外の国々を交えた地域的な連携も見据えているのではないでしょうか。東アジア地域包括的経済連携（ＲＣＥＰ）や、日中韓の自由貿易協定などのような形です。

小原：そうだね。実際、２０１８年10月に日中両首脳が会談して、日中関係を「競争から協力へ」進めていくことで合意がなされた。特に日中関係においては協力できる分野は

50 世界中で鉄道や道路などを建設するため、中国が他国に多額の資金を貸し付けていることに対する批判。返済できない場合には、その国の土地を中国が収奪するつもりではと見られている。

多々あると見られている。

しかしそうは言っても、政経分離の問題が解決されたわけではないよ。**中国の共産党指導体制はここ数年ますます強化されていて**[51]**、それが貿易や投資など経済関係にも大きな影響を与えている**からね。米中貿易戦争の根っこにも、米中の政治経済システムの違いが存在している。

たとえば経済の領域では、中国の産業政策である「中国製造2025」[52]をアメリカが批判し、その取り止めを求めている。その理由は、知的所有権の侵害、先端技術の窃取、中国に進出するアメリカ企業に対する技術移転の強要などだ。

日本としても、アメリカのこの懸念を共有する問題は少なくない。悲観的かもしれないけれど、**中国の「社会主義市場経済」体制という、中国共産党の強力な指導のもとにある市場経済の色彩が今後一層濃くなるとしたら、日本と中国との経済交流にも難しい問題が出てくる可能性がある。**

同盟国である日本としては、軍事技術や防衛情報の面で協力するアメリカの要求に応じていく必要もあるだろう。現に日本政府は、中国通信大手のファーウェイ社の製品使用禁

図10-5 中国共産党

中国共産党と習近平の政治とは？

党が政府より上	人民解放軍は「党軍」、 国家主席＜党総書記
権力ピラミッド	党員8900万のトップ
権力の継承	弱い胡錦濤から 党・国家・軍の権力を スムーズに継承
ライバル失脚	2012年：ライバル薄煕来失脚 ⇨周永康（江派）、令計画（胡派） ⇨「反腐敗」で権力基盤固めた
大衆路線	長老も反対できず
党の方針	2017年、党規約改正（習近平思想が盛り込まれた）
ナショナリズム	「屈辱の近代」から「中華民族の偉大な復興」へ 主権や領土で強い姿勢＋アメリカを凌ぐ「中国の夢」
「習一強」体制	胡が持たなかった「核心」に 「小組」新設・軍改革や抜擢人事 「一帯一路」
内の脅威と 外の脅威	政治経済体制の矛盾（腐敗や格差） 「民主、法治、公平、正義、安全、環境といった非物質的ニーズも高まる」時代 危機感⇨政治的締め付け＝監視社会（「国家安全法」） アメリカの警戒感：貿易戦争から「新冷戦」へ

図10-6　習近平思想

中国共産党第19回党大会（2017年10月）で党規約に盛り込まれた

「習近平新時代の中国の特色ある社会主義思想」とは？

1	マルクス・レーニン主義、毛沢東思想、鄧小平理論、（江沢民の）「三つの代表」重要思想、（胡錦濤の）科学的発展観の継承と発展
2	マルクス主義の中国化の最新成果
3	党と人民の実践経験と集団的智恵の結晶
4	「中国の特色ある社会主義」理論体系の重要な構成部分
5	全党と全国人民が「中華民族の偉大な復興」のために奮闘する行動指南

「党・政・軍・民・学、東西南北」すべてを党が指導と規定
習近平は党大会演説で「社会主義」に146回言及

止というアメリカの求めに応じた。今後、米中間の先進技術をめぐる競争が激化すれば、同じような要求が次々に出てくることも考えられる。

この先、中国企業に投資したり、貿易を発展させたりしようと考えている日本企業にとっては、必ず念頭に置いておくべき構造的な問題だと言えそうだ。

このように、国益と価値の関係はいくつかの重要な論点を含んでいる。ある場合には価値が有利に働き、外交をスムーズに展開させる力（パワー）となるいっぽうで、ある場合には日本と中国の関係のように、価値がボトルネックとなる場合もある。

そうした価値の多面性を念頭に置いたうえで、多様な価値（正義）をもつ世界の国々と交渉にあたること。これが、今回のゼミで一番伝えたかったことであり、皆がこれから国際政治を学んでいくうえで最も大切にしてほしいことだ。

51　２０１７年の党大会で、「共産党の指導」があらゆる領域で強化されることが決定された。

52　中国政府が２０１５年に発表した、２０２５年までの10年間に製造業を発展させるという計画。「２０２５年までに世界の製造強国入り」することを目指す。

＊

さて、これで全10回のゼミを終えることにしよう。

振り返れば、「そもそも政治とは何か？」という根本的な問いかけから始まり、国際秩序、軍事力、外交、交渉、パワー、国益などについて、皆と議論し、考えてきた。北朝鮮については、米朝模擬交渉も行ったね。

どの問題についても、「これが正解」というような結論が出たわけではなかったから、もやもやしている人もきっといるのではないかと思う。でも、僕のゼミでは、その「もやもや」感をとても大切にしている。なぜなら、**「当たり前」を疑い、自分の頭で考えるということは、「もやもや」、つまり解けない疑問から始まる**からだ。

これから先、新しい時代を生きていく皆には、どうか新たな視点でもって批判的に考え、具体的行動に移していってほしいと願っている。それが世界を少しでも安全で豊かにしていく道だからだ。

政治は、社会の一員である僕ら一人ひとりの行動次第でいかようにも変わっていくものだ。国際政治だって、決して魑魅魍魎《ちみもうりょう》の無秩序の世界ではない。究極のところを言えば、**この世界のことを真摯に考え、他者と向き合う努力を怠らない個人の行動そのものが国際政治を動かす。少なくとも、僕はそう信じている。**

ぜひ、自分なりの知恵と勇気をもって、ますますグローバル化する世界の問題に取り組んで行ってほしい。

第10回 まとめ

パワーは国益をどう変えるのか

「身の丈」をわきまえた国益追求ができるか?

◎国家はそのパワーに見合った国益を追求すべきだが、現実には過大な国益を追求しがち。それが世界を不安定化する原因となる。

◎パワーの「相対性理論」を認識し、自国のパワーのみならず相手国のパワーも正確に見極めることが必要。

「価値」と国益やパワーとの関係をどう処理すべきか?

◎価値はときに国益を凌駕することがある。お金のために死ぬ人はいないが、信仰のために死ぬ人はいるからだ。

◎ソフト・パワーを政府が育て用いることは容易ではない。シャープ・パワーの正体を見極めることも必要。

パワー・バランスの変化にどう対応すべきか?

◎アメリカと中国の覇権争いが激しさを増すなか、目的(国益)と手段(同盟)の関係が問われている。

◎「日米同盟+α」の戦略を考えよ。日米関係と日中関係の両立は可能だろうか。

おわりに――ゼミを終えて

小原：皆、お疲れさま！　ひとりずつ感想を聞かせてくれるかな。

霞が関：いかにこれまで自分の頭で考えて議論するという経験が少なかったかということに気づかされました。というのも、高校まではとにかく教科書に書かれてあることを隅から隅まで頭に叩き込むだけでよかったので。

でも、段々と議論に慣れてきて、先生からの問いかけやゼミ生たちの発言がすごくスリリングに感じるようになってからは、楽しかったですね。

厚木：僕は、ゼミ生のみんなと議論するなかでいろんな見方があることを発見しました。

どれも新鮮で、刺激的で。ゼミを終えた今となっては、自分は少し悲観的だったかなと反省しています。これからはもう少し、楽観的に考えます。

小原：いいね。それは国際情勢を分析したり外交政策を立案したりするときにも同様なのだけれど、ゼミ中にも話したようにコップの水を「半分しか入っていない（half empty）」と見るか「半分も入っている（half full）」と見るかという「ものの見方」は、実際の政策や行動に大きな影響を与えるとても重要なものなんだ。

たとえば、安全保障について考えるときは最悪のシナリオに備える必要があるから、ある程度悲観的になる必要がある。反対に、起業や投資をしようとするときにリスクばかり気にして悲観的になっていたら何もできない。いつも、楽観論と悲観論の両方を意識して、バランスの良い見方をするように心掛けてほしい。

兜：僕は、ゼミの第一回で「国際政治とは何か」という本質論から学べたのがとても大きな収穫だったように思います。国際政治の根底にある構造的な問題を、自分なりに理解することができたからです。トランプさんのように、国際秩序を塗り替えるようなパワーは持てそうにないけれど（笑）、個人として、国際社会に対して正義を説き続ける存在ではありたいと思います。

小原：これから先、皆が国際政治をより深く学んでいくうえでも、パワーか価値かの二者択一ではなくて、両者の接点を探りながら思索し、議論していくといいね。国際社会は力を追求する弱肉強食の世界だとするリアリズムと、価値やルールを重んじる国際協調を求めるリベラリズムの、両方の立場の架け橋になれるように。

青山：私は、国益の議論が特に面白かったですね。正直、国益というのが結局のところ何なのかがわからなくて、ゼミの間ずっと考えていたんです。でも、今ふと思いました。国益とは結局のところ、すべての国民が「今、自分は幸せだ」と感じられる状況そのものなんじゃないか、と。

その状況のなかには、平和であることや、豊かな生活が送れること、などが含まれると思いますが、日本に住む人の多くは、そうしたことを当たり前のように思ってしまっている気がします。

世界中を見渡してみれば、日本人のように考えている人なんてごく一部に過ぎなくて。途上国を含む多くの人たちにとっては、平和も豊かさも、途方もなく遠くの、とても手に入りそうもない存在に見えているのではないでしょうか。

「当たり前の幸せ」を手にしている私たち日本人は、もっとそのことを大事に思い、それを守っていくために何をすべきかを真剣に考えなくてはいけないということに、今回のゼミを通じて気づくことができました。

とはいえ、私自身これまでずっと考えてこなかったし、自分に何ができるのか見当もつかないので、あまり偉そうに言うのもどうかなとは思うのですが……。

小原：いやいや、そんなことはないよ。僕がこのゼミを通じて伝えたかったのは、まさにいま青山さんが言ってくれたことなんだ。

僕ら人間は、お金や権力や名声という「見せかけの幸せ」を求めてしまいがちだ。そうして嫉妬や憎悪や闘争心にまみれ、すぐに「当たり前の幸せ」を忘れてしまう。

けれど、本当に幸せを感じるのは、暑い夏に一杯の冷水を飲む瞬間だったり、お正月に帰省して再会した家族と団欒しているときだったりする。仕事でも生活でも、当たり前かもしれないけれど小さな喜びを見出すことができる、そんな心の平静にこそ、本当の幸せは宿るのだと僕は思う。

そうだとすれば、国益とは富や権力や名声などではなくて、平和で安定した社会を維持していくことであり、そのために隣国や国際社会と協調しながら共存していくことにほかならないんだ。

でも、それは決して簡単なことではない。そのことはゼミで学んだとおりだ。人間はとても不完全な生き物であって、人間がつくる国家も、そしてその国家からなる世界もまた、とても不完全なものだ。『国富論』で知られるアダム・スミスもこう言っている。

> 隣り合った諸国民は、彼らの紛争を解決する共通の支配者を持たないので、継続的な相互の恐怖と猜疑の中に生きている。各国の主権者は、彼の隣人たちから、ほとんど正義を期待できないので、自分が受けるのと同じだけわずかな正義をもって隣人たちを取り扱おうとする。
>
> （アダム・スミス『道徳感情論』高哲男訳、講談社、２０１３）

こう聞くと、国際社会に秩序をつくるだなんて幻想に過ぎないんじゃないかと思えてくるよね。でも、ゼミでも登場したE・H・カーが残した次の言葉に、僕らは一筋の光を見出すことができる。

いかに制約を受けるものであれ、いかに脆弱な支えしか持たないにせよ、力の政治に対して訴えることのできる共通の諸理念の国際的な根幹と言い得るものが存在する。

（『危機の二十年——理想と現実』原彬久訳、岩波書店、1939）

つまり、僕らがやるべきことはこうだ。アダム・スミスのようなリアリズムと悲観論に向き合いつつも、決してそれに流されることなく（リベラリズムと楽観論を馬鹿にすることなく）、人間の弱さと世界の現実を見据えつつ、わずかであっても人間の進歩を信じて、平和で豊かな国際社会を目指して努力し続けること。

それこそが、人間の気高さであるに違いないと、僕は信じている。

僕のゼミはこれで終わりだが、国際政治を考えること自体に終わりはない。皆、思い思いの議論をこれからも続けていってほしい。そしてまたどこかで、皆と白熱した議論をする時間が持てることを、心から楽しみにしている。

皆、どうもありがとう！

（白熱ゼミ　終）

白熱ゼミまとめ――あとがきに代えて

国際問題には、当事国すべてが納得し賛成する答えなどほとんどないと言って良い。自国の国益を主張するだけ、あるいは、法や秩序といった正義を説くだけでは問題は解決しない。

しかし、相手を圧倒するパワーがあり、それを使うなら話は別だ。

国際政治は「権力政治（power politics）」と言われる。「砲艦外交（gunboat diplomacy）」を推進したセオドア・ルーズベルト大統領は、「大きな棍棒を持って、穏やかに話せば、成功する（Speak softly, and carry a big stick; you will go far.）」との有名な言葉を残した。大きな棍棒を持つと、それを使いたくなるものだ。

多くの中小国にとって、超大国アメリカや大復興する巨大中国の主張を無視することは難しい。国際政治において、パワーは物を言う。超大国でも中小国でもない日本はそのことをもっと理解する必要がある。

もちろん、法や秩序といった正義が蔑ろにされてはならない。しかし、正義だけでまわりがついてくると思ったら裸の王様になる。それが国際政治というものだ。

さて、日本のパワーはどうだろうか。

バブル崩壊後の長期経済停滞からいまだ抜け出せないまま、国債額は増え続け、人口減少も少子高齢化も深刻化するいっぽうだ。日本が世界第3位の経済大国として踏み止まれるのか、もはや怪しくなってきている。外交に動員できる資源（たとえばＯＤＡ）も、かつてほどの余裕はなくなっている。かと言って軍事力を行使できるかというと、日本には法的・政治的に大きな制約がある。しかし、現に国際秩序は揺らぎ、脅威やリスクは日に日に高まっている。外交のニーズは増えこそすれ、減ることはない。

こうしたパワーの低下と制約のもと、いかにして現在の平和と安定を維持していくことができるのか。それには、国益の優先度を決め、戦略を明確にし、資源の選択と集中を行うことで外交の質を高めていくしか方法はない。

日本外交の要諦は、一方的に自国の国益を主張する勇ましさにあるのではなく、国際政治におけるパワーの意味を正しく理解し、相手の国益や国際社会の利益に目配りしつつ、交渉し取引するなかで自国の利益を確保するという「したたかなリベラリズム」にあるべきなのだ。

そうした「現実主義的理想主義」とも言える外交政策によって、同盟国や志を同じくする国家（like-minded countries）と連携・協力し、二国間・多国間で粘り強く交渉し、働きかけることによって、国際的な規範やルールに合致し、国内政治にも耐え得る、「実際的（practical）」で「持続的（sustainable）」な合意の実現に努めなければならない。

その際、注意するべきことがひとつある。それは、「アメリカ第一」やＥＵの危機が突きつけるように、世界的に民主政治が劣化傾向にあるということだ。

経済的・社会的な安全が脅かされるとき、人々は排他的、攻撃的になる。ナショナリズムや煽動政治が勢いを増し、リベラルな秩序を支えてきた欧米先進諸国はいま、かつてない苦境に陥っている。

それでは、日本の民主主義はどうか？

そもそもそれは、外交の推進にどう関わってくるのか？

政策が今どう決定され、国民の政治意識はどのようになっているか。あらためてよく検証してみる必要がある。

いま、多様な利益や脅威が国境を越えて広がりを見せ、外交は国内の政治や経済と複雑に絡み合っている。外交は政治エリートや外交官だけのものではもはやなく、さまざまな利益集団が存在し、広範な国民世論をも巻き込んで、大衆化・劇場化しがちな傾向にある。

そのような時代において為政者がなすべきことは、政党政治の限界を乗り越え、短期的利益や既得権益を排し、ポピュリズムにもあらがって、長期的かつ大局的な視点から国益を考え、政策を競うことだ。

そのためには、民主主義が力強く躍動することが欠かせない。

多くの国民が政治に無関心だったり、外交のことを知ろうとしなかったりすれば、一部の利益集団のロビイングで政治が決まってしまったり、排外的なナショナリズムの台頭を招いてしまったりする。そうなれば国益は歪められ、外交は迷走するいっぽうである。

そして、そのツケは国民すべてに跳ね返ってくるのだ。

外交は票にならない、と言われて久しい。小選挙区制の弊害がそれに拍車をかけている。国際秩序が変わりつつあるいま、国民ひとりひとりがいかに政治や外交について考え、行動しているかが、国家の盛衰や存亡を決することになる。選挙権は18歳にまで引き下げられたが、特に若い世代ほど、自分たちの国家の行く末に関心を持ち、外交センスを磨き、国益を託し得る代表を選ばなくてはならない。あるいは、自ら政治や外交の世界に飛び込み、国家・国民の安全と繁栄のために汗を流すこと。それが、民主的な外交を支え、平和で安全な日常を維持し、個人の自由や権利を守る唯一の道なのだ。

平成から令和の時代になる。この30年、日本は絶頂から転げ落ち、衰退した。しかし、それは、力の衰退であり、価値の衰退ではない。本書で論じてきたとおり、国家や国際秩序を語るとき、価値はとても重要だ。日本は、本当に豊かな価値に恵まれている。自由や民主、ルールと規律、伝統と現代の文化、自然とエコ、マナーと互助、快適さと安全、そして勤勉と団結。そんな価値の素晴らしさが世界の人々を魅了する。令和の時代、豊かな価値が輝きを見せ、世界の平和を促す日本となってほしいと願う。

ここまで本書を読んでくれたあなたに、心からの感謝を申し上げたい。そして、あなたが世界の課題や日本の行く末を考える一助に本書がなれたことを願いつつ、筆を置くことにする。

最後になったが、ディスカヴァー・トゥエンティワンの松石氏に心から感謝申し上げたい。この本は、彼の献身的支援なくして完成できなかったことは私のみぞ知ることであり、だからこそここに記して、感謝の言葉としたい。

平成最後の月となった2019年4月

満開となった桜の花が見える大学の研究室にて

小原　雅博

国際政治を学ぶ人のための参考書

トゥキュディデス『歴史』
プラトン『国家』
アリストテレス『政治学』
マキアヴェリ『君主論』
トマス・ホッブズ『リヴァイアサン』
ジョン・ロック『統治二論』
ジャン=ジャック・ルソー『社会契約論』
カール・フォン・クラウセヴィッツ『戦争論』
アダム・スミス『国富論』
アレクシ・ド・トクヴィル『アメリカのデモクラシー』
イマヌエル・カント『永遠平和のために』
E・H・カー『危機の二十年』
マックス・ヴェーバー『職業としての政治』

丸山真男『日本の思想』
ロバート・A・ダール『ポリアーキー』
ジョン・キーガン『戦争と人間の歴史』
メアリー・カルドー『新戦争論』
ベネディクト・アンダーソン『想像の共同体』
アンソニー・D・スミス『20世紀のナショナリズム』
ヘンリー・A・キッシンジャー『外交』
ハンス・J・モーゲンソー『国際政治』
ポール・ケネディ『大国の興亡』
ジョージ・F・ケナン『アメリカ外交50年』
芦田均『第二次世界大戦外交史』
ウィンストン・S・チャーチル『第二次世界大戦』
勝田龍夫『重臣たちの昭和史』
小原雅博『国益と外交』
小原雅博『日本の国益』

東大白熱ゼミ 国際政治の授業

発行日　2019年4月20日　第1刷

Author　小原雅博

Book Designer　カバー／西垂水敦＋市川さつき（krran）
本文＋図版／小林祐司

Publication　株式会社ディスカヴァー・トゥエンティワン
〒102-0093　東京都千代田区平河町2-16-1 平河町森タワー11F
TEL　03-3237-8321（代表）03-3237-8345（営業）／FAX　03-3237-8323
http://www.d21.co.jp

Publisher　干場弓子
Editor　松石悠（編集協力／オトバンク）

Marketing Group
Staff　清水達也　井筒浩　千葉潤子　飯田智樹　佐藤昌幸　谷口奈緒美　古矢薫
蛯原昇　安永智洋　鍋田匠伴　榊原僚　佐竹祐哉　廣内悠理　梅本翔太
田中姫菜　橋本莉奈　川島理　庄司知世　谷中卓　小木曽礼丈　越野志絵良
佐々木玲奈　高橋雛乃　佐藤淳基　志摩晃司　井上竜之介　小山怜那
斎藤悠人　三角真穂　宮田有利子

Productive Group
Staff　藤田浩芳　千葉正幸　原典宏　林秀樹　三谷祐一　大山聡子　大竹朝子
堀部直人　林拓馬　木下智尋　渡辺基志

Digital Group
Staff　伊藤光太郎　西川なつか　伊東佑真　牧野類　倉田華　高良彰子
岡本典子　三輪真也　阿奈美佳　早水真吾　榎本貴子

Global & Public Relations Group
Staff　郭迪　田中亜紀　杉田彰子　奥田千晶　連苑如　施華琴

Operations & Accounting Group
Staff　松原史与志　中澤泰宏　小田孝文　小関勝則　山中麻吏　小田木もも
福田章平　池田望　福永友紀　石光まゆ子
Assistant Staff　俵敬子　町田加奈子　丸山香織　井澤徳子　藤井多穂子　藤井かおり
葛目美枝子　伊藤香　鈴木洋子　石橋佐知子　伊藤由美　畑野衣見
宮崎陽子　並木楓

Proofreader　株式会社鷗来堂
Proofreader　株式会社 RUHIA
Printing　シナノ印刷株式会社

ISBN978-4-7993-2445-5